Fernanda Tartuce e Luiz Dellore

2016
2ª edição

1001 DICAS SOBRE O NOVO CPC

Lei 13.105/2015
Atualizado conforme Lei 13.256/2016

EDITORA FOCO

Autores: Fernanda Tartuce e Luiz Dellore
Editor: Márcio Dompieri
Gerente Editorial: Paula Tseng
Equipe Editora Foco: Georgia Dias, Ivo Shigueru Tomita e Ladislau Lima
Capa: R2 Editorial
Projeto Gráfico e diagramação: R2 Editorial
Impressão capa, miolo e acabamento: Impressul

Dados Internacionais de Catalogação na Publicação (CIP)
(Câmara Brasileira do Livro, SP, Brasil)

Tartuce, Fernanda

1001 dicas sobre o novo CPC : Lei 13.105/2015 / Fernanda Tartuce e Luiz Dellore. -- 2. ed. -- Indaiatuba, SP : Editora Foco Jurídico, 2016.

1. Processo civil 2. Processo civil - Brasil
I. Dellore, Luiz. II. Título.

ISBN: 978-85-8242-160-4

16-03050 CDU-347.9(81)(094.46)

Índices para catálogo sistemático:
1. Brasil : Código de processo civil : Comentários 347.9(81)(094.46)
2. Código de processo civil : Comentários : Brasil 347.9(81)(094.46)

Impresso no Brasil (05.2016)
Data de Fechamento (04.2016)

MISTO
Papel produzido a partir de fontes responsáveis
FSC
www.fsc.org

2016

Editora Foco Jurídico Ltda
Al. Júpiter, 542 – American Park Distrito Industrial
CEP 13347-653 – Indaiatuba – SP
E-mail: contato@editorafoco.com.br
www.editorafoco.com.br

PREFÁCIO

O mundo atual, caracterizado pela instantânea difusão das notícias, exige esclarecimentos/respostas na mesma velocidade em que as indagações são formuladas.

O que se requer hoje em dia é resposta rápida, eficaz, pois não há tempo para consulta ao tratado espalhado em muitos volumes, recheado por doutas opiniões doutrinárias.

Nesta era de urgências, o novo Código De Processo Civil exige interpretação rápida, amarrada à realidade, porque aponta para vários caminhos que se podem tomar, em função das muitas novidades que encerra.

A interpretação/esclarecimento/resposta exige a mesma velocidade em que a indagação é formulada.

Ora, o novo código instrumental, prenhe de novidades, até que se encontre razoavelmente pacificado, causa natural perplexidade ao operador do direito, para saber qual a trilha a ser tomada, alcançando o bom porto.

Daí a utilidade/necessidade das dicas que são, na verdade, pílulas da boa doutrina recheadas de bom senso, servindo tanto para a audiência (em que não há tempo para estudos) como para o recesso do escritório em que há mais vagares para resposta à consulta formulada pelo cliente.

As dicas foram estudadas e formuladas por dois jovens professores/autores, a saber: Fernanda Tartuce e Luiz Dellore, que há mais de quinze anos se dedicam ao estudo para o aperfeiçoamento do sistema processual brasileiro.

É livro que se impõe pela utilidade da boa doutrina nele contida, e, sobretudo, pela rápida resposta que fornece.

Sérgio Luiz Monteiro Salles

Doutor em Processo pela *Università de Roma* e pela Faculdade de Direito da Universidade de São Paulo. Professor de Processo Civil. Autor de obras e artigos jurídicos. Participou dos debates para a elaboração do CPC/1973. Ex-promotor. Advogado.

APRESENTAÇÃO

Em março de 2016 entrou em vigor o Novo CPC (NCPC, Lei 13.105/2015).

Ainda que em parte haja repetição do Código anterior (CPC/1973), há diversas inovações – algumas delas com considerável profundidade...

Nesse cenário, surgem as seguintes dúvidas:

– quais são as principais novidades do NCPC?
– o que permanece igual em relação ao sistema do CPC/1973?

O objetivo desta obra, escrita em linguagem simples e didática, sem a pretensão de promover profundas discussões doutrinárias, é apresentar ao leitor o que há de mais relevante no NCPC.

A proposta é apresentar o novo sistema ao advogado, ao estudante de graduação, a quem se prepara para difíceis concursos públicos (incluindo o exame da OAB) e até a quem, sendo ou não versado em Direito, tenha a curiosidade de conhecer o perfil da nova sistemática processual.

A ideia dos autores é trazer, em breves dicas, as principais novidades do NCPC. Além disso, onde não houve alteração significativa, aponta-se o que permanece igual em relação ao panorama anterior. Isso no que for relevante para a atuação profissional, a preparação do estudante e/ou o conhecimento básico sobre os caminhos processuais.

Todo o NCPC é abordado no livro; alguns pontos são enfrentados com mais detalhamento, enquanto outros sinalizam apenas dicas do que é mais relevante.

Além disso, a obra já traz dicas analisando e cotejando o NCPC com a Lei 13.140/2015 (Lei da mediação) e Lei 13.146/2015 (EPD – Estatuto da Pessoa com Deficiência), além das modificações no próprio NCPC, realizadas pela Lei 13.256/2016.

Espera-se que este trabalho, elaborado por autores com larga experiência docente e profissional, seja uma boa maneira do leitor se familiarizar com o sistema trazido pelo NCPC.

Boa leitura!

SUMÁRIO

I. ESTRUTURA E VISÃO GERAL DO NCPC

1

O CPC/1973 era dividido em 5 livros (conhecimento, execução, cautelar, procedimentos especiais e disposições finais e transitórias). O NCPC é dividido em Parte Geral e Parte Especial, além de contar com um Livro Complementar.

2

A Parte Geral do NCPC se aplica a todos os processos e procedimentos e regula questões como princípios (Livro I), regras de competência (Livro II), juiz e partes (Livro III), forma do ato processual (Livro IV), tutela provisória (Livro V) e formação, suspensão e extinção do processo (Livro VI). Ela vai dos arts. 1º ao 317. No CPC/1973, tudo isso era basicamente enfrentado no Livro I (Processo de Conhecimento).

3

A Parte Especial é dividida em três livros: I – processo de conhecimento e cumprimento de sentença; II – processo de execução e III – processo nos tribunais e meios de impugnação das decisões; ela vai dos arts. 318 ao 1.044.

4

Como se percebe, o NCPC acaba com o processo cautelar da forma que ele era previsto no CPC/1973 (Livro III, com as cautelares nominadas e inominadas). Toda situação de urgência é regulada no Livro V da Parte Geral (tutela provisória).

5

No Livro I da Parte Especial, o Título I regula o Processo de Conhecimento, especificamente o procedimento comum (não mais se fala em rito ordinário, pois deixa de existir o rito sumário). Trata-se da petição inicial e da defesa do réu, passando pelas provas e audiências chegando até a sentença e a coisa julgada. Vai dos arts. 319 ao 512.

6

No Livro I da Parte Especial, o Título II regula a fase de Cumprimento da Sentença (ou seja, o adimplemento do título executivo judicial) e a defesa do devedor. Trata-se de um sistema semelhante ao previsto nos arts. 475-A e seguintes do CPC/1973, após a reforma da Lei 11.232/2005. Vai dos arts. 513 ao 538.

7

No Livro I da Parte Especial, o Título III regula os procedimentos especiais previstos no NCPC (que estavam no Livro IV do CPC/1973). Alguns procedimentos especiais do CPC/1973 são mantidos, outros são excluídos e há inovações. Segue a divisão entre procedimentos especiais de jurisdição contenciosa e de jurisdição voluntária; a temática é abordada entre os arts. 539 e 770.

8

No Livro do Processo de Execução (Livro II da Parte Especial), há toda a regulamentação do processo executivo, com foco apenas no regramento do título executivo extrajudicial (exatamente como havia no CPC/1973, após a separação entre execução e cumprimento de sentença). As regras, que servem tanto para o exequente como para o executado, vão dos arts. 771 ao 925.

9

No Livro IIII da Parte Especial, o Título I regula a tramitação dos processos nos tribunais, abordando as atribuições do relator (deixa de existir a figura do revisor) e como se dará o julgamento colegiado. O Título I trata também de incidentes (como o de resolução de demandas repetitivas) e de ações de impugnação (como a rescisória e a reclamação). O regramento vai dos arts. 926 ao 993.

10

No Livro IIII da Parte Especial, o Título II regula os recursos para prever espécies, prazos, cabimento e tramitação. Aqui há importantes modificações em relação ao que era previsto no CPC/1973; o regramento vai dos arts. 994 ao 1.044. Esta foi a parte que mais sofreu alterações com a Lei 13.256/2016, que já modificou, antes mesmo da vigência do NCPC, diversos artigos do Código.

11

Para facilitar a transição entre o CPC/1973 e o NCPC, é importante conhecer a estrutura do novo sistema – inclusive para localizar as regras antes existentes em relação às novas. Pode haver dúvida especialmente entre a Parte Geral e os Livros I e III da Parte Especial (Processo de Conhecimento e Recursos), pois eles se situavam no mesmo Livro (I) no CPC/1973. Este trabalho seguirá a divisão do NCPC pontuando as principais informações e inovações de cada uma das partes e dos livros.

12

O Livro Complementar (fora da Parte Geral ou Especial) trata das regras de transição, ou seja: disposições finais e transitórias. Vai dos arts. 1.045 ao 1.072. O principal aqui são os dispositivos revogados e as regras de transição entre o sistema do CPC/1973 e do NCPC (direito intertemporal).

II. PARTE GERAL

LIVRO I – DAS NORMAS PROCESSUAIS CIVIS

TÍTULO ÚNICO – Das Normas Fundamentais e da Aplicação das Normas Processuais

CAPÍTULO I – Das Normas Fundamentais do Processo Civil

13

O NCPC traz, logo no seu início, os princípios processuais aplicáveis ao sistema processual – inclusive reproduzindo princípios que já estavam previstos no âmbito constitucional.

14

A repetição de princípios processuais constitucionais no âmbito do NCPC acaba por impedir que se discuta, no âmbito do STF, via recurso extraordinário, a principiologia processual civil. A jurisprudência do STF é firme ao apontar que não cabe RE para discutir "violação reflexa" à Constituição: se há algum dispositivo violado do ponto de vista infraconstitucional, só existe eventual violação à CF de forma reflexa, e isso não pode ser discutido pela via do RE.

15

O NCPC, repetindo o CPC/1973, traz o princípio da inércia / dispositivo / da demanda. A regra é que o Judiciário não aja de ofício, aguardando a provocação da parte (art. 2º). Mas o mesmo artigo preceitua que, uma vez retirado o Judiciário da inércia, aí o processo tramita por impulso oficial.

16

Repetindo o art. 5º, XXXV da CF, o art. 3º contempla o *princípio do acesso à justiça*, destacando a ressalva de que a arbitragem é permitida. Também como subprincípio decorrente do acesso à justiça, o NCPC aponta que o Estado promoverá, sempre que possível, a solução consensual dos conflitos, destacando o forte incentivo à conciliação à e mediação. Vale destacar que as previsões do NCPC sobre mediação precisam ser compatibilizadas com o teor da Lei 13.140/2015, marco legal de tal mecanismo consensual no ordenamento brasileiro.

17

Repetindo o art. 5º, LXXVIII, da CF, o art. 4º traz o *princípio da razoável duração do processo*. A inovação é que há menção específica à satisfação, e isso sinaliza que o princípio não se restringe apenas à fase de conhecimento.

18

O art. 5º do NCPC expressa o *princípio da boa-fé*, diretriz relevante não só para os litigantes, mas para todos que participam do processo. Além das partes, os terceiros, os advogados, os peritos e os serventuários devem atuar com boa-fé, sob pena de aplicação de multa (art. 81).

19

É possível também afirmar que a boa-fé atinge o magistrado; porém, do ponto de vista prático, não se verá o juiz aplicar multa a si mesmo (nem um desembargador aplicar multa a um juiz). Assim, a boa-fé em relação ao magistrado deve ser interpretada sob a perspectiva do princípio da confiança; por exemplo, não deve o magistrado atuar de modo a confundir as partes ou induzi-las em erro. Pode-se ainda falar que decorre da boa-fé a vedação a decisões surpresas (art. 10).

20

O art. 6º do NCPC inova ao prever o *princípio da cooperação*, destacando que todos os sujeitos do processo devem "cooperar entre si para que se obtenha, em tempo razoável, decisão de mérito justa e efetiva". Esse dispositivo é objeto de polêmica doutrinária e suscitará dúvidas até que o STJ efetivamente delimite sua aplicação prática.

21

Mas é certo que cooperar não pode significar que um advogado tenha de abrir mão da estratégia de atuar em prol de seu cliente. Uma interpretação é no sentido de o juiz ter de cooperar com a parte (informando e esclarecendo-a) antes de proferir decisões desfavoráveis a ela – o que não acredito que será acolhido pelos juízes brasileiros. Por isso, ao menos inicialmente, a tendência é que o princípio da cooperação se aproxime da boa-fé.

22

Repetindo o art. 5º, *caput*, da CF, o art. 7º traz o *princípio da igualdade* ou isonomia entre os litigantes, destacando que isso deve ser observado em todos os aspectos do processo.

23

Em um contexto de trazer para o NCPC cláusulas gerais – que permitem ao juiz uma margem de discricionariedade (e, assim, maior liberdade no julgar) – o art. 8º destaca que o juiz, ao decidir deverá observar o ordenamento jurídico (leis), mas observando os *fins sociais* e as *exigências do bem comum*, promovendo a *dignidade da pessoa humana* e observando a *proporcionalidade* e a *razoabilidade*.

24

Esse mesmo art. 8º do NCPC destaca que o juiz deverá observar os princípios da *legalidade* (CF, art. 5º, II), da *publicidade* (CF, art. 93, IX) e da *eficiência* (CF, art. 37, *caput*). Ou seja, mais três princípios constitucionais reproduzidos no NCPC – sendo que a publicidade é reforçada no art. 11, em conjunto com o *princípio da motivação* (também presente na CF, art. 93, IX).

25

O *princípio do contraditório* (CF, art. 5º, LV) está presente em dois dispositivos. O art. 9.º traz a visão clássica de o juiz não decidir sem ouvir a parte contrária, salvo exceções como no caso de tutela de urgência.

26

De seu turno, o art. 10 traz o contraditório sob outro ângulo: da impossibilidade de o juiz decidir sem que tenha dado às partes oportunidade de se manifestar – ainda que se trate de matéria que possa ser apreciada de ofício. Trata-se da vedação de "decisões surpresa". Assim, se o juiz for reconhecer a prescrição, ainda que possa fazer isso de ofício, terá antes de ouvir a parte a respeito desse tema. Se assim não proceder, haverá uma decisão surpresa, o que é vedado por este dispositivo (vide item 19, a respeito da boa-fé).

27

A ideia da vedação de prolação de decisão surpresa é permitir que a parte apresente argumentos para afastar a tese que possivelmente seria acolhida – ou seja, para efetivamente ter a oportunidade de convencer o magistrado, antes da prolação da decisão (visão mais moderna do princípio do contraditório). Como isso faz com que o processo demore mais (o que o próprio NCPC evita, como se percebe da parte dos princípios), resta saber como se dará a aplicação dessa previsão no cotidiano forense. É possível que muitos magistrados resistam a ela. Se isso ocorrer, caberá ao advogado interessado recorrer para que a decisão surpresa (ou seja, sem contraditório prévio) seja anulada.

28

Em sua redação original, o Novo CPC trazia como uma de suas principais inovações o dever de obediência à ordem cronológica de julgamento das demandas (art. 12). A alteração promovida pela Lei 13.256/2016 retirou o dever de observância da ordem temporal. Uma vez que a causa vá à *conclusão* para *julgamento*, preferencialmente será observada a ordem cronológica: primeiro será sentenciada a causa mais antiga, para somente depois ser sentenciada a causa mais recente.

29

Também nos tribunais será preferencialmente observada essa regra, considerando a conclusão para prolação de acórdão (não se aplicando à decisão monocrática final).

30

Em cada uma das varas ou gabinetes de desembargadores ou ministros, deverá ser elaborada uma lista com a ordem dos processos que estão conclusos para decisão final (NCPC, art. 12, § 1º). Essa lista deverá estar disponível não só na vara ou gabinete, mas também na internet (e, por certo, demandará considerável tempo dos servidores do cartório para sua elaboração).

31

Não há previsão de efeitos caso a ordem cronológica deixe de ser observada. A Lei 13.256/2016, além de alterar o art. 12, mudou o art. 153 para fazer constar que "o escrivão ou o chefe de secretaria atenderá, preferencialmente, à ordem cronológica de recebimento para publicação e efetivação dos pronunciamentos judiciais".

32

Apesar das alterações promovidas pela Lei 13.256/2016, segue constando a previsão de processo disciplinar contra o escrevente que não *publicar* as decisões em ordem cronológica – NCPC, art. 153, § 5º). Em virtude da ausência de outras sanções – e pelas dificuldades de gestão geradas no momento de julgamento de milhares de processos existentes em cada vara no país –, é provável que a ordem preferencial deixe de ser observada por muitos magistrados.

33

O próprio NCPC traz diversas exceções à ordem cronológica preferencial: são pelo menos 29 hipóteses, divididas em 9 incisos; nesses casos, a ordem cronológica preferencial não será observada. Destacamos aqui as principais situações em que isso ocorre:

– homologação de acordo,

– julgamento de causas massificadas,

– sentença sem resolução do mérito (art. 485),

– decisão monocrática do relator, no âmbito dos tribunais (art. 932),

– preferências legais, como no caso de idoso,

– situações de urgência.

CAPÍTULO II – Da Aplicação das Normas Processuais

34

A norma processual não retroagirá; porém, será aplicável aos processos em curso, protegidas as situações ocorridas antes da vigência da nova lei (assim, deverá ser observado o ato jurídico processual perfeito). O dispositivo não se refere somente ao próprio NCPC, mas a qualquer outra lei processual.

35

Aplica-se o NCPC aos processos eleitoral, trabalhista e administrativo, desde que não haja norma específica para a tramitação desses feitos (art. 15).

LIVRO II – DA FUNÇÃO JURISDICIONAL

TÍTULO I – Da Jurisdição e da Ação

36

Em regra, o autor pleiteia direito próprio em nome próprio (legitimação ordinária). Somente quando previsto em lei, o autor pode pleitear direito alheio em nome próprio (legitimação extraordinária); essa é a hipótese da substituição processual.

37

Quando da substituição processual, o substituído poderá ingressar no processo para auxiliar o substituto processual, atuando como assistente litisconsorcial (art. 18, parágrafo único).

38

É possível ingressar em juízo apenas para formular um pedido declaratório (que o Judiciário declare algo, de modo positivo ou negativo), ainda que já tenha havido a violação do direito, momento em que, em tese, possível já buscar a reparação do dano, via pedido condenatório.

39

Somente cabe o pedido declaratório quanto à (i) existência, inexistência ou modo de ser de uma relação jurídica e (ii) autenticidade ou da falsidade de documento (art. 19).

TÍTULO II – Dos Limites da Jurisdição Nacional e da Cooperação Internacional

CAPÍTULO I – Dos Limites da Jurisdição Nacional

40

Os arts. 21, 23 e 24 promovem ajustes pontuais para promover melhor redação a dispositivos tradicionais em nosso ordenamento, naquilo que se denomina de competência internacional concorrente e exclusiva.

41

Há causas que podem ser julgadas somente pelo juiz brasileiro (competência internacional exclusiva) e outros pelo juiz brasileiro ou de outro país (competência internacional concorrente). Se houver tramitação conjunta de uma mesma causa no Brasil e no exterior, em regra, não há litispendência (art. 24).

42

Contudo, o art. 24, ao repetir consagrado entendimento sobre a inexistência de litispendência entre demandas promovidas em diferentes países, destaca uma importante ressalva: a necessária observância das disposições em contrário porventura existentes em tratados internacionais e acordos bilaterais em vigor no Brasil. De forma elucidativa, o parágrafo único destaca inexistir óbice à homologação da decisão estrangeira quando esta for exigida para produzir efeitos no Brasil pelo fato de pender ainda a causa perante a jurisdição brasileira.

43

Podem ser julgadas pelo Judiciário brasileiro ou pelo Judiciário de outro país (estrangeiro) as seguintes demandas (arts. 21 e 22):

- se o réu estiver domiciliado no Brasil, qualquer que seja sua nacionalidade;
- a obrigação objeto do processo tiver de ser cumprida no Brasil (como uma obrigação de fazer que tiver se realizada no país);
- a causa tiver como causa de pedir fato ocorrido ou ato praticado no Brasil;
- ação de alimentos, se o autor for domiciliado ou residente no Brasil ou se o réu tiver algum vínculo no Brasil (bens, renda ou benefícios econômicos);
- ação envolvendo relação de consumo, e o consumidor for domiciliado ou residente no Brasil (assim, compras pela internet se inserem nessa situação).
- ação em que as partes se submetem à jurisdição nacional (ou seja, quando há o processo no Brasil e não há impugnação pelo réu, ainda que não se esteja diante de uma das hipóteses anteriores).

44

De seu turno, somente podem ser julgadas pelo Judiciário brasileiro e, portanto, não podem ser apreciadas pelo Judiciário de outro país (juiz estrangeiro) as seguintes demandas (art. 23):

- envolvendo imóveis situados no Brasil;
- relativas ao direito sucessório, quanto aos bens situados no Brasil, qualquer que seja a nacionalidade ou domicílio do falecido;
- relativas à partilha de bens de casal, quanto aos bens situados no Brasil, qualquer que seja a nacionalidade ou domicílio do titular dos bens.

45

O art. 23 inova ao reconhecer a jurisdição da autoridade brasileira, com exclusão de qualquer outra, para uma hipótese adicional. Além de demandas sobre imóveis e sobre sucessão hereditária (presentes no CPC/1973), agora compete à autoridade judiciária, em divórcio, separação judicial ou dissolução de união estável, proceder à partilha de bens situados no Brasil, ainda que o titular seja de nacionalidade estrangeira ou tenha domicílio fora do território nacional.

46

O art. 25 inova no sistema jurídico ao afirmar não competir à Justiça brasileira o processamento e o julgamento da ação quando houver cláusula de eleição de foro exclusivo estrangeiro em contrato internacional, arguida pelo réu na contestação. Tal regra, porém, não se aplica nos casos de competência internacional exclusiva previstas no Código (§ 1º); como reforço, reconhece-se sua aplicação em casos de foro contratual previstos no CPC no art. 63 (§ 2º).

CAPÍTULO II – Da Cooperação Internacional

47

Este capítulo do NCPC promove ajuste na nomenclatura para anunciar de forma apropriada o teor a ser abordado (cooperação internacional), já que os dispositivos trabalham noções relativas à jurisdição (enquanto expressão da soberania dos Estados) e não de competência (enquanto medida e critério de distribuição da prestação jurisdicional).

48

Uma visão panorâmica permite perceber a presença de grande quantidade de novos dispositivos sobre a cooperação internacional – no sentido do cumprimento de uma decisão estrangeira do Brasil ou o contrário.

49

O art. 26 trata da cooperação jurídica internacional, regida por tratado do qual o Brasil é signatário. Assim, devem ser observadas algumas premissas, para que uma decisão proferida no exterior possa ser cumprida no Brasil ou vice-versa:

(i) devido processo legal no Estado requerente;

(ii) igualdade de tratamento entre nacionais e estrangeiros, residentes ou não no Brasil, assegurada a assistência judiciária aos necessitados;

(iii) publicidade, salvo nos casos de segredo de justiça;

(iv) autoridade central, para recepção e transmissão de pedidos de cooperação;

(v) espontaneidade na transmissão de informações a autoridades estrangeras.

50

A autoridade central, prevista em diversos tratados internacionais, é o órgão administrativo responsável por dar andamento às atribuições referentes à cooperação internacional. Na ausência de previsão específica, no Brasil será realizada pelo Ministério da Justiça (art. 26, § 4º).

51

Se não houver tratado, poderá haver cooperação com base na reciprocidade.

52

A homologação de decisão estrangeira (a forma mais usual de se ter uma decisão estrangeira aplicada) independe de cooperação ou reciprocidade (art. 26, § 2º).

53

A cooperação jurídica internacional celebrada entre Brasil e outro país poderá ter por objeto diversos atos – judiciais e extrajudiciais. O art. 27 do NCPC, em rol exemplificativo, traz as seguintes situações:

(i) citação, intimação e notificação judicial e extrajudicial;

(ii) colheita de provas;

(iii) homologação e cumprimento de decisão;

(iv) concessão de medida judicial de urgência

(v) assistência jurídica internacional;

(vi) qualquer outra medida judicial ou extrajudicial não proibida pela lei brasileira.

54

São três os instrumentos de cooperação jurídica internacional: auxílio direto, carta rogatória e homologação de decisão estrangeira (esta última regulada apenas a partir do art. 960 do NCPC).

55

O auxílio direto é modalidade simplificada de cooperação internacional, na qual é desnecessária qualquer análise (juízo de delibação) pelo STJ (art. 28). Como exemplo, requerimento de informações a respeito do andamento de processos judiciais no Brasil (art. 30, I – sendo que o art. 30 traz diversas situações de auxílio direto).

56

Para o auxílio direto jurisdicional que tiver de ser realizado no Brasil, será competente a justiça federal do local onde a medida for executada (art. 34). Trata-se de regra em linha com a previsão de competência da Justiça Federal para execução de sentença estrangeira (CF, art. 109, X).

57

A carta rogatória passiva (*exequatur* – possibilidade de cumprimento da ordem estrangeira no Brasil) tramitará perante o STJ e terá natureza de jurisdição contenciosa, de modo que deve observar o princípio do devido processo legal. Contudo, é vedada a revisão do mérito da decisão estrangeira no Brasil (art. 36).

TÍTULO III – Da Competência Interna

CAPÍTULO I – Da Competência

58

Preceitua o NCPC que as causas cíveis serão julgadas pelo juiz competente (entenda-se órgão jurisdicional competente, seja magistrado de 1° grau, desembargador ou ministro, de maneira monocrática ou colegiada), todavia, segue sendo facultado às partes optarem pela arbitragem (regulada pela Lei 9.307/1996).

59

Mantém o NCPC a regra da *perpetuatio jurisdictionis*, ou seja, a perpetuação da competência. Assim, ajuizada uma demanda, são irrelevantes as posteriores alterações que possam ocorrer, para fins de fixação da competência. Como exemplo, se o réu mudar de endereço após a distribuição da petição inicial, não haverá modificação da competência para o julgamento da causa (NCPC, art. 43).

60

O art. 43 do NCPC traz exceções à regra da *perpetuatio jurisdictionis*, apontando casos em que haverá modificação da competência:

(i) supressão do órgão jurisdicional (extinção de determinada vara),

(ii) modificação da competência absoluta (em razão da matéria, pessoa ou função).

61

Afirma o NCPC que as regras de competência para julgamento das causas são reguladas pela CF, CPC, leis extravagantes, normas de organização judiciária e Constituições Estaduais (art. 44).

62

Se houver participação de ente federal no processo (União, empresa pública federal, autarquia federal, fundação federal e ainda conselhos de fiscalização profissional, como a OAB), o juiz deverá remeter o processo para a Justiça Federal – salvo nas exceções constitucionais (CF, art. 109, I, parte final).

63

Se houver cumulação de pedidos na inicial, um com competência da Federal e outro da Estadual, deve o juiz apreciar apenas o pedido para o qual for competente (não sendo caso de remessa dos autos), cabendo ao advogado ingressar com nova demanda para apreciação do outro pedido, perante a Justiça competente.

64

Em relação à discussão entre Justiça Federal e Estadual, duas súmulas do STJ foram reproduzidas no art. 45 do NCPC: (i) cabe ao juiz federal apreciar se há necessidade de participação do órgão federal (Súmula 150/STJ) e (ii) se o ente federal for excluído, deve o juiz federal devolver o processo ao juiz estadual, e não suscitar conflito de competência (Súmula 224/STJ).

65

No tocante à competência para o ajuizamento, há duas regras gerais e uma série de exceções – tal qual se via no CPC/1973. A primeira regra é o ajuizamento no domicílio do réu (ações fundadas em direito pessoal e direito real sobre bens móveis – art. 46). A segunda regra é o ajuizamento no foro do local da coisa (ações fundadas em direitos reais imobiliários – art. 47). As exceções estão, no NCPC, entre os arts. 48 e 53.

66

O art. 46 basicamente reproduz o art. 94 do CPC/1973, prevendo a competência no caso de mais de um domicílio do réu (qualquer deles í § 1º); réu com domicílio incerto (onde réu for encontrado ou domicílio do autor – § 2º); réu com domicílio no exterior (domicílio do autor – § 3º); litisconsórcio com réus em domicílios distintos (qualquer deles – § 4º).

67

Inova o NCPC ao incluir o § 5º do art. 46, que fixa a competência para o ajuizamento da execução fiscal (Lei 6.830/1980), na seguinte ordem: (i) domicílio do réu, (ii) residência do réu e (iii) lugar onde o réu for encontrado. Trata-se de ordem sucessiva e não concorrente (ou seja, apenas se não houver a primeira parte-se para as demais situações). Vale destacar que o artigo está na parte geral (quando deveria estar na parte especial – execução) e que usa terminologia inadequada (réu ao invés de executado).

68

O art. 47 reproduz, em grande parte, o art. 95 do CPC/1973, deixando claro que nas ações fundadas em direito real imobiliário a competência é a do foro do local da coisa. Em regra trata-se de competência funcional – absoluta, portanto – e não de competência territorial; afinal, "o autor pode optar pelo foro do domicílio do réu ou pelo foro de eleição se o litígio não recair sobre direito de propriedade, vizinhança, servidão, divisão e demarcação e nunciação de obra nova" (art. 47, § 1º).

69

Fora das hipóteses mencionadas no art. 47, § 1º, do NCPC (direito de propriedade, vizinhança, servidão, divisão e demarcação e nunciação de obra nova) será possível demandar no foro de eleição ou escolher entre o foro do local da coisa e o domicílio do réu. Exemplificam tal possibilidade as ações envolvendo comodato, arrendamento e locação.

70

Inova o NCPC com o § 2º ao art. 47, ao prever que as ações possessórias imobiliárias serão propostas no foro do local da coisa. Trata-se da reafirmação da jurisprudência do STJ a respeito do tema, mas o CPC/1973 era omisso em relação a essa situação específica.

71

O art. 48 do NCPC trata da competência para as ações envolvendo o direito sucessório (inventário, partilha, arrecadação, disposições de última vontade, ações relativas à partilha extrajudicial e ações em que o espólio for réu). Para todas essas demandas, a competência é do "foro do domicílio do autor da herança", ou seja, o foro do último domicílio do falecido. Inova o artigo ao incluir também a impugnação ou anulação de partilha extrajudicial (arts. 610 e ss. do NCPC), o que não existia no CPC/1973.

72

Em caso de falecido sem domicílio certo (ou de estrangeiro sem domicílio no Brasil), a fixação de competência é a seguinte: (i) se houver bens imóveis, foro da situação dos imóveis; (ii) se houver mais de um bem imóvel em foros distintos, quaisquer desses foros; (iii) se não houver bens imóveis, o foro do local de qualquer dos bens. A previsão altera o cenário normativo do CPC/1973.

73

Traz o NCPC regra de competência territorial quando a União for parte (NCPC, art. 51). (i) Quando União autora, competente o domicílio do réu. (ii) Quando União ré, há 3 possíveis foros, cuja escolha é do autor (foros concorrentes): (a) domicílio do autor, (b) local do ato ou fato que deu origem à demanda ou onde está a coisa objeto do litígio, (c) Distrito Federal. Trata-se da repetição da regra prevista no art. 109, §§ 1º e 2º da CF.

74

Em linha com a competência relacionada à União, inova o NCPC ao regular a competência territorial de quando forem partes Estado ou DF. Assim: (i) Quando Estado ou DF autor, competente o domicílio do réu. (ii) Quando Estado ou DF réus, há 3 possíveis foros, cuja escolha é do autor (foros concorrentes): (a) domicílio do autor, (b) local do ato ou fato que deu origem à demanda ou onde está a coisa objeto do litígio, (c) capital do respectivo Estado ou Brasília (quando réu o DF).

75

Como não há previsão legal específica em relação aos Municípios, deve ser seguida a regra geral: competente o foro do domicílio do réu, seja o Município autor ou réu. Salvo eventual exceção prevista na legislação, mas não relacionada ao fato de o Município ser parte.

76

O art. 53 do NCPC traz uma série de exceções quanto ao foro competente. Há regras que são repetições do CPC/1973 (como o foro competente na ação de alimentos), outras que passaram por alterações (caso do divórcio) e ainda inovações (como nas ações contra cartórios).

77

O inciso I traz o critério de competência nas ações envolvendo casamento e união estável. No sistema do CPC/1973, a competência era do foro da mulher. No NCPC, há 3 foros competentes, de forma subsidiária: (i) foro do domicílio de quem tiver a guarda de filho incapaz; (ii) se não houver filho incapaz, foro do último domicílio do casal; e (iii) se ambos os cônjuges tiverem mudado de domicílio, foro do domicílio do réu.

78

O inciso II trata das ações de alimentos: competente é o foro de quem recebe alimentos. Seja na ação que busca fixar inicialmente os alimentos, na revisional ou na exoneração. Seja na ação que pede alimentos, seja na ação de oferta de alimentos.

79

O inciso III trata de diversas situações. Em repetição ao CPC/1973, as 3 alíneas iniciais tratam da competência em demandas contra pessoa jurídica. Será competente o foro da sede, ou da sucursal ou onde a empresa exerce suas atividades, no caso de ente sem personalidade jurídica. Igualmente repetindo o CPC/1973, a alínea "d" trata da ação de cumprimento de obrigação, cuja competência será do local onde a obrigação deva ser satisfeita.

80

As outras alíneas do inciso III são inovações do NCPC. A alínea "e", em repetição ao previsto no Estatuto do Idoso (art. 80), afirma ser competente a residência do idoso, para as causas fundadas no Estatuto do Idoso. A alínea "f" traz regra que afirma ser competente a sede do cartório para as ações indenizatórias decorrentes de "ato praticado em razão do ofício".

81

Os incisos IV e V tratam da competência para a ação de reparação de dano. Paras as ações indenizatórias em geral, competente é o foro do local onde ocorreu o dano (inciso IV). Para as demandas fundadas em ato ilícito (civil ou penal) e batida de veículo (terrestre, aquático e aéreo), há possibilidade de o autor escolher seu domicílio ou o local do fato.

82

A respeito da modificação da competência o NCPC em grande parte reproduz o que constava do CPC/1973 e da jurisprudência do STJ. O tema envolve a mudança de juízo para o julgamento de processo que já estava em tramitação. Há de se lembrar que a regra é a *perpetuatio jurisdictionis* (NCPC, art. 43); contudo, por questões de celeridade e conveniência, algumas vezes é possível que haja a modificação da competência.

83

Os mais importantes fenômenos que acarretam a modificação da competência são a conexão e continência – e ambos apenas ocorrem em casos de competência relativa e não absoluta (NCPC, art. 54).

84

Se há identidade de todos os elementos identificadores da ação (partes, causa de pedir e pedido), estamos diante de ações idênticas, o que acarreta a extinção do processo sem resolução de mérito, por litispendência ou coisa julgada (NCPC, art. 337, §§ 1º a 4º). Havendo identidade de algum(ns) dos elementos identificadores, é possível que haja conexão ou continência.

85

Há conexão quando, em relação a duas ou mais ações, for comum o pedido ou a causa de pedir (NCPC, art. 55).

86

A consequência da conexão é a *reunião* dos processos, para que haja julgamento conjunto. A finalidade é (i) evitar decisões contraditórias e (ii) prestigiar a economia processual (para evitar, por exemplo a oitiva de uma mesma testemunha, a respeito do mesmo fato, duas vezes – o que é antieconômico para a testemunha, juiz e processo como um todo).

87

Contudo, só haverá a reunião de processos se ambos estiverem no mesmo grau de jurisdição (NCPC, art. 55, § 1°, inovação no Código – exatamente como previsto na Súmula 235/STJ).

88

Novidade do NCPC é trazer situações concretas e afirmar que nelas há conexão, o que pode ser denominado de "conexão legal" (art. 55, § 2º). Somente há 2 hipóteses de conexão legal no Código: (i) execução de título executivo extrajudicial e processo de conhecimento relativo à mesma dívida e (ii) execuções fundadas no mesmo título executivo.

89

Outra inovação do NCPC é a possibilidade de reunião, para julgamento conjunto, de processos *semelhantes*, mesmo que não haja conexão (art. 55, § 3º). A finalidade é evitar a prolação de decisões conflitantes, caso os processos sejam "decididos separadamente" – ou seja, a base é o princípio da igualdade. Como a regulamentação dessa situação foi muito sucinta, seguramente haverá grandes dificuldades na aplicação do dispositivo.

90

Não nos parece ser possível aplicar esse dispositivo às "ações de massa" (situações que se repetem às centenas ou milhares no país – questões previdenciárias ou bancárias, por exemplo). A uma, porque isso atrasaria muito a tramitação dos processos (em violação à razoável duração do processo); a duas, pois o sistema prevê o incidente de resolução de demandas repetitivas exatamente para solucionar as questões de massa (NCPC, art. 976 e ss.).

91

Logo, entendemos que a reunião sem conexão (NCPC, art. 55, § 3º) (i) só se aplica a situações pontuais e não multitudinárias (que não envolvam muitos processos ou partes), (ii) pode ser determinada de ofício ou a requerimento da parte e (iii) somente pode ocorrer se os processos estiverem no mesmo grau de jurisdição. Contudo, somente a jurisprudência é que efetivamente dará os contornos a esse novo fenômeno.

92

Há continência (NCPC, art. 56) quando, em relação a duas ou mais ações, estivermos diante de (i) mesmas partes, (ii) mesma causa de pedir e (iii) o pedido de uma das ações está contido no pedido da outra. Portanto, na continência há identidade em relação a dois dos elementos identificadores da ação, além de um ponto comum em relação ao pedido.

93

A continência pode acarretar, conforme o caso, (i) a reunião dos processos (pelos mesmos motivos já expostos em relação à conexão) e (ii) a extinção de um deles (inovação na legislação – art. 57).

94

O critério para verificar se deve haver reunião ou extinção consta da legislação:

a) se a ação que tiver o pedido mais amplo (ou seja, o pedido continente) for ajuizada antes, a demanda posterior (que tem o pedido contido no outro) é uma repetição, em grau menor. Sendo assim, haverá a extinção do segundo processo.

b) ao contrário, se a ação menos abrangente for anterior, a ação continente, que trará mais argumentos e pedido mais amplo, não poderá ser extinta. Aí, haverá a reunião.

95

Se a hipótese for de reunião, isso não ocorrerá se um dos processos já tiver sido julgado (NCPC, art. 55, § 1°, parte final, aplicável por analogia).

96

Se a conexão ou continência acarretarem a reunião dos processos, onde é que haverá o julgamento de ambas as causas? O critério escolhido pelo legislador foi a *prevenção* (modo de fixação da competência no caso de dois ou mais juízos relativamente competentes para o julgamento da mesma demanda).

97

E qual o critério de prevenção eleito pelo NCPC? Aqui há inovação e simplificação em relação ao CPC/1973 (que trazia regras distintas nos arts. 106 e 219). No novo Código, a prevenção sempre será apurada pela *distribuição ou registro* (art. 59). Registro ocorre no protocolo da inicial, onde houver só uma vara; distribuição e registro ocorre onde há mais de uma vara igualmente competente.

98

O art. 62 do NCPC trata da competência absoluta, que é gênero, dentro do qual existem 3 espécies: (i) competência em razão da matéria (ex: ajuizamento na Justiça do Trabalho ou na Justiça Estadual?), (ii) competência em razão da pessoa (ex.: União julgada na Justiça Federal) e (iii) competência funcional (ex.: competência originária em 1° grau ou no tribunal?).

99

O art. 63 do NCPC trata da competência relativa, que é gênero, dentro do qual existem 2 espécies: (i) competência em razão do território (ajuizamento na Comarca "A" ou "B") e (ii) competência em razão do valor (ajuizamento no JEC ou em Vara Cível?).

100

No Brasil é cada vez menor a relevância prática da competência em razão do valor sob a perspectiva de competência relativa. Isso porque, no CPC/1973 e no NCPC, não há espaço para negociação entre as partes no tocante ao valor da causa (por exemplo, majorando ou minorando o teto do JEC). Poderia o NCPC ter alterado ou simplesmente suprimido a competência em razão do valor, mas não o fez.

101

Na competência absoluta, (i) não cabe foro de eleição (art. 63, § 1º), (ii) não há modificação da competência por força da conexão ou continência (art. 54), (iii) deve o juiz se dar por incompetente de ofício (art. 64, § 1º), (iv) não há preclusão para alegar a incompetência (art. 64, § 1º) e (v) após o trânsito em julgado, cabe ação rescisória (art. 966, II).

102

Na competência relativa, (i) cabe foro de eleição (art. 63, § 1º), (ii) há modificação da competência por força da conexão ou continência (art. 54), (iii) em regra, não pode o juiz se dar por incompetente de ofício (art. 65), (iv) há preclusão para alegar a incompetência, ocorrendo a prorrogação da competência se essa não for impugnada (art. 65) e, consequentemente, (v) não cabe rescisória.

103

Novidade do NCPC é a previsão de que a "abusividade" da cláusula de foro de eleição poderá ser conhecida de ofício pelo juiz (art. 63, § 3º). Quando isso ocorrer, deverá o magistrado remeter os autos ao foro competente – tratando-se de exceção à regra de que o juiz não se declarará incompetente de ofício na incompetência relativa (art. 65).

104

Mas o que seria a abusividade da cláusula de eleição de foro? Diante do silêncio legislativo, isso será decidido pela jurisprudência. Mas a partir do art. 112, parágrafo único do CPC/1973, uma possibilidade é defini-la como a situação em que o *hipossuficiente* é prejudicado com o foro de eleição, pois a escolha dificulta seu acesso à justiça ou à elaboração de sua defesa (não só, mas principalmente o consumidor).

105

Importante alteração no sistema diz respeito ao momento para se alegar a incompetência (relativa ou absoluta). Agora não há mais distinção: compete ao réu, em preliminar de contestação, alegar qualquer incompetência (NCPC, arts. 64 e 337, II). Da mesma forma, esse é o momento para se alegar abusividade de cláusula de foro de eleição.

106

Alegada a incompetência, deverá a parte autora se manifestar. Acolhida a incompetência, os autos serão remetidos ao juiz competente; rejeitada a incompetência, os autos permaneceram perante o mesmo juízo. Dessa decisão, pelo NCPC (art. 1.015), *não* cabe agravo de instrumento.

107

Em relação à incompetência absoluta, das duas possibilidades, uma ocorrerá: ou a jurisprudência aceitará o agravo de instrumento (interpretando o rol do art. 1.015 como exemplificativo) ou aceitará o mandado de segurança. Isso porque é incongruente admitir-se rescisória de decisão referente a incompetência absoluta, mas não agravo.

108

Ainda em relação à incompetência absoluta, há relevante novidade. O § 3º do art. 64 regula o que ocorre com decisões proferidas por magistrado que posteriormente se dá por incompetente de forma absoluta: (i) em regra, serão conservados os efeitos da decisão já proferida pelo juiz, até nova decisão do juiz competente; (ii) excepcionalmente, poderá ser revogada a decisão, *pelo próprio juiz que a prolatou*, ao reconhecer sua incompetência.

109

Não há previsão dessa regra quanto à incompetência relativa. Mas, por uma interpretação sistemática, deve-se entender que a inovação também é aplicável à incompetência territorial. Ora, se uma decisão proferida por juiz absolutamente incompetente segue surtindo seus efeitos até nova análise pelo juiz competente, seria incongruente não atribuir a mesma solução à incompetência relativa que é muito menos grave, pois admite a prorrogação.

110

Se houver dúvida entre dois ou mais juízes a respeito de quem deverá julgar a causa (por força de conexão, continência, prevenção, acessoriedade), então cabe o conflito de competência (NCPC, art. 66). A inovação do sistema é que toda a regulamentação do conflito, que no CPC/1973 vinha logo após a previsão do instituto, foi transferida para outro local do Código (art. 947 e ss.).

CAPÍTULO II – Da Cooperação Nacional

111

Traz o NCPC capítulo para regular a "Cooperação Nacional", assunto inexistente no CPC/1973. Na verdade, são normas programáticas, no sentido de auxílio recíproco entre os órgãos do Poder Judiciário, em relação a qualquer ato do processo (arts. 67 e 68 do NCPC).

112

Mas o que seria, concretamente, a cooperação? Todo ato processual que necessite do auxílio de outro órgão jurisdicional se insere no contexto da cooperação. O art. 69 menciona, expressamente: (i) auxílio direto (como exemplo, a obtenção de informações sobre outros processos, que tramitam em outra vara), (ii) reunião ou apensamento de processo (como na conexão e continência) e (iii) prestação de informações.

113

Há ainda menção à possibilidade de criação de uma rotina de trabalho para regular, entre as varas, situações que se podem ser verificadas com alguma frequência ("atos concertados entre os juízes cooperantes", conforme art. 69, § 2º). Isso, por exemplo, em relação às citações, provas, tutela de urgência, execução etc. Novamente, resta verificar se a inovação será utilizada na prática pelos diversos órgãos jurisdicionais brasileiros.

LIVRO III – DOS SUJEITOS DO PROCESSO

TÍTULO I – Das Partes e dos Procuradores

CAPÍTULO I – Da Capacidade Processual

114

Em relação às capacidades, o NCPC basicamente reproduz o CPC/1973. São 3: capacidade de ser parte, capacidade processual e capacidade postulatória (que se incluem nos pressupostos processuais).

115

Pode ser parte (ativa ou passiva) quem tem a possibilidade de ser titular de direitos (conceito ligado à personalidade jurídica). Apesar disso, para resolver questões de ordem prática, a legislação concede capacidade de ser parte para alguns entes despersonalizados (é o caso do espólio – NCPC, art. 75, VII).

116

Capacidade processual é a capacidade de figurar no processo judicial por si mesmo, sem o auxílio de outra pessoa. Quem pode exercer os seus direitos na vida civil (ou seja, o capaz), tem capacidade processual para figurar em processo judicial por si só.

117

Capacidade postulatória é a capacidade de representar as partes em juízo (postular perante o Judiciário). Em regra, o advogado é o titular da capacidade postulatória, mas há exceções (NCPC, art. 103 e ss.).

118

A incapacidade processual pode ser suprida. Para isso, os absolutamente incapazes devem ser representados, enquanto os relativamente incapazes devem ser assistidos (NCPC, art. 71).

119

A incapacidade de ser parte não pode ser suprida (ou existe ou não existe, conforme a existência de personalidade jurídica ou equiparação pela lei). Assim, sua ausência acarreta a extinção do processo sem resolução de mérito (NCPC, art. 485, IV). Já as incapacidades processual e postulatória podem ser corrigidas.

120

Existindo vício de capacidade sanável, inicialmente o juiz deverá determinar a correção da falha (NCPC, art. 76, *caput*). Se não houver a correção da falha, existem consequências distintas, conforme o grau de jurisdição e o polo da parte.

121

Caso o vício não seja sanado e o processo estiver em 1º grau, existem 3 possibilidades (NCPC, art. 76, § 1º): (i) extinção do processo sem resolução de mérito (art. 485, IV), se o vício tivesse de ser sanado pelo autor; (ii) revelia (art. 344), se o vício tivesse de ser sanado pelo réu; (iii) exclusão do processo ou revelia, se o vício tivesse de ser sanado por terceiro (terceiro no polo ativo: exclusão do processo; terceiro no polo passivo: revelia).

122

Caso o vício não seja sanado e o processo estiver no tribunal (intermediário ou superior), existem 2 possibilidades (NCPC, art. 76, § 2º): (i) não conhecimento do recurso, se o vício tivesse de ser sanado pelo recorrente; (ii) desentranhamento das contrarrazões, se o vício tivesse de ser sanado pelo recorrido.

123

O art. 76 do NCPC nada regula a respeito das causas de competência originária dos tribunais. Mas deve ser aplicada a regra referente ao primeiro grau, pois o § 2º somente se aplica para o caso de recurso (no qual, com o não conhecimento do recurso, prevalecerá a decisão recorrida).

124

Em regra, compete à parte contratar o seu próprio advogado. Contudo, há casos em que, diante de alguma dificuldade, o magistrado é quem providenciará o patrono (curador especial – NCPC, art. 72), para se garantir o contraditório e ampla defesa.

125

Deverá existir a curatela especial nas seguintes situações (igual ao CPC/1973): (i) incapaz sem representante legal (inova o NCPC ao esclarecer que a curatela durará enquanto subsistir a incapacidade – art. 72, I), (ii) ao réu preso, que for revel e (iii) ao réu revel citado por edital ou por hora certa (ou seja, citação ficta).

126

Inova o NCPC ao prever que a curatela especial será exercida pela Defensoria Pública (previsão já presente na lei da Defensoria da União – LC 80/1994, art. 4º, XVI). Enquanto não houver estrutura para que isso ocorra (seja no âmbito federal ou estadual), prosseguirá a nomeação de advogados pelo juiz, para algum ato específico (o advogado *ad hoc*).

127

Em relação à capacidade processual das pessoas casadas, a inovação do NCPC se refere à expressa menção à união estável (art. 73, § 3º) – o que já era admitido pela jurisprudência – nas demandas que versão sobre posse e direitos reais sobre imóveis. A lei prevê a necessidade de participação do companheiro apenas quando constar dos autos a informação de que existe união estável – isso de modo a evitar atitudes de má-fé, no sentido de trazer essa informação para os autos após anos de tramitação do processo, de modo a acarretar a nulidade do processo.

128

Em regra, não há qualquer distinção entre solteiros e casados do ponto de vista da capacidade processual. A exceção envolve as ações reais imobiliárias, pois isso pode influenciar toda a família (NCPC, art. 73). Assim, se o litigo envolver esse tema, ou há litisconsórcio ou autorização do cônjuge para ingressar em juízo – salvo se o casamento for com o regime da separação total de bens, onde não existe essa necessidade.

129

Em relação ao polo passivo, apenas se fala em litisconsórcio e não em autorização. Logo, não se está mais diante de capacidade, mas sim de legitimidade. O § 1° do art. 73 repete as situações nas quais deverá se formar um litisconsórcio passivo necessário, dentre as quais ações envolvendo direito real imobiliário.

130

O art. 75 do NCPC repete, em grande parte, o art. 12 do CPC/1973 e regula a capacidade processual da pessoa jurídica. Em alguns incisos, apenas indica quem é o representante para que haja capacidade processual de determinada pessoa jurídica (e há novo inciso, IV, para tratar da autarquia e fundação).

131

Já em outros incisos, o art. 75, além de indicar quem é o representante legal para que haja a capacidade processual, concede capacidade de ser parte a determinados entes despersonalizados (incisos V, VI, VII, IX e XI: massa falida, herança jacente, espólio, sociedade irregular ou outros entes despersonalizados e condomínio).

132

O inciso IX do art. 75 traz uma inovação e menciona "outros entes organizados sem personalidade jurídica". Trata-se de uma cláusula aberta para permitir – a advogados e juízes – a inclusão em juízo de outros entes sem personalidade jurídica. Assim, o rol de entes despersonalizados que recebem capacidade de ser parte pela lei deixou de ser taxativo para ser exemplificativo.

CAPÍTULO II – Dos Deveres das Partes e de seus Procuradores

133

Tal qual no CPC/1973, o NCPC traz uma série de deveres para as partes e procuradores. A ideia é disciplinar a atuação dos litigantes e de seus advogados, pautada pela boa-fé (NCPC, art. 5°), de modo a evitar que o litígio (que acontece fora do processo) seja transportado para dentro do processo.

134

O art. 77 do NCPC destaca os deveres de todos os que participam no processo:

(i) expor os fatos conforme a verdade;

(ii) não formular pretensão ou defesa destituída de fundamento;

(iii) não produzir provas ou praticar atos inúteis ou desnecessários;

(iv) cumprir as decisões judiciais;

(v) indicar e atualizar o endereço residencial ou profissional onde devem ser recebidas as intimações – devendo qualquer modificação ser informada nos autos;

(vi) não praticar inovação ilegal no estado de fato de bem ou direito litigioso.

Esses comandos estavam, no CPC/1973, previstos em diversos dispositivos distintos, sendo concentrados no NCPC.

135

As situações mencionadas em (iv) e (vi) constituem "ato atentatório à dignidade da justiça", devendo ser aplicada multa de até 20% do valor da causa (art. 77, § 2º). Contudo, em uma perspectiva de cooperação (art. 6º), o juiz deve antes advertir que a conduta pode ser punida como tal (§ 1º).

136

Há, portanto, uma divisão entre os atos de má-fé: (i) para situações mais graves, multa por ato atentatório à dignidade da justiça (litigância de má-fé qualificada – art. 77, § 2º e (ii) para as demais situações, multa por litigância de má-fé (art. 81).

137

Se não houver o pagamento da multa do art. 77, § 2º, haverá a inscrição na dívida ativa (federal ou estadual, conforme a justiça em que tramitar a causa). Portanto, isso dará ensejo a uma execução fiscal (art. 77, § 3º).

138

Assim, com a previsão de execução fiscal da multa, fica claro que essa multa não reverte à parte contrária, mas sim ao Estado (mais precisamente um fundo – estadual ou federal – de modernização do Poder Judiciário). Porém, vale destacar, não é toda multa do NCPC que é revertida ao Estado.

139

A multa por ato atentatório à dignidade da justiça pode ser cumulada com outras multas processuais (art. 523, § 1º e art. 536, § 1º; 10% pelo não cumprimento de sentença em 10 dias e *astreintes*, respectivamente), considerando a natureza de cada uma delas ser distinta.

140

Se o valor da causa for muito baixo, o juiz pode fixar a multa do art. 77, § 2º, em até 10 salários mínimos.

141

Advogados (públicos ou privados), defensores ou membros do MP não podem ser penalizados com essa multa (art. 77, § 6º), mas deve o juiz oficiar ao órgão de classe para que apure eventual responsabilidade.

142

Inova o NCPC ao expressar que o representante judicial (advogado) não pode ser compelido a cumprir a decisão em lugar da própria parte (art. 77, § 8º). Ainda que se trate de algo aparentemente óbvio, alguns juízes determinavam que o advogado (pessoalmente) realizasse condutas atribuídas à parte.

143

O beneficiário da gratuidade de justiça deverá arcar com a multa por ato atentatório, ao final do processo (art. 98, § 4º).

144

Como já exposto, a multa do art. 77, § 2º, por ato atentatório à dignidade da justiça, somente é aplicável às hipóteses (iv) e (vi), e é de até 20% do valor da causa. Para as demais situações, aplica-se a multa prevista no art. 81 (litigância de má-fé) – que será de 1% até 10% do valor da causa.

145

Repetindo o Código anterior, o art. 78 destaca ser vedado o uso de "expressões ofensivas", por qualquer dos partícipes do processo.

146

Verificada a ocorrência de expressões ofensivas, o juiz deverá advertir o ofensor a respeito da conduta indevida (oral ou escrita); em caso de repetição, poderá ser cassada a palavra (art. 78, § 1º).

147

Havendo uso de expressões ofensivas, o juiz determinará que elas sejam riscadas (e não há previsão de como isso ocorrerá, em autos eletrônicos). Além disso, se requerido, será expedida certidão com o teor das expressões ofensivas (para fins de outras medidas administrativas e jurisdicionais – como representação na OAB ou indenização por dano moral).

148

Prevê o art. 79 a responsabilidade por perdas e danos do litigante de má-fé. Assim, além da multa (por ato atentatório ou má-fé), há a responsabilização civil. O valor será fixado pelo juiz ou por arbitramento, nos próprios autos (art. 81, § 3º).

149

O art. 80 traz um rol de situações qualificadas como de má-fé; em parte, há correlação com os deveres previstos no art. 77. Um dever não observado acarreta a configuração de má-fé, mas não é apenas isso que configura má-fé.

150

O art. 80 tipifica 7 situações como de má-fé (exatamente as mesmas situações previstas no CPC/1973):

(i) peticionar contra texto expresso de lei ou fato incontroverso;

(ii) alterar a verdade dos fatos;

(iii) usar do processo para objetivo ilegal;
(iv) opor resistência injustificada ao andamento do processo;
(v) atuar de modo temerário;
(vi) provocar incidente infundado;
(viii) interposição de recurso manifestamente protelatório.

151

Diante de uma dessas condutas, haverá – de ofício ou a requerimento da parte – fixação de multa, de 1% a 10% do valor da causa (teto menor do que a multa por ato atentatório à dignidade da justiça, como já visto – art. 77, § 2º).

152

Se o valor da causa for baixo, a multa por má-fé poderá ser fixada em até 10 salários mínimos (art. 81, § 2º).

153

A multa por litigância de má-fé – diferentemente da multa por ato atentatório (revertida para o Estado, especificamente para o fundo de modernização do Judiciário) – será revertida em benefício da parte contrária (art. 96).

154

Se houver dois ou mais litigantes de má-fé, o juiz decidirá se (i) a condenação será solidária ou (ii) haverá condenação proporcional conforme a atuação de cada um (art. 81, § 1º).

155

Em relação às despesas, compete a cada uma das partes arcar com os atos que realizar ou requerer durante o processo (art. 82).

156

O autor adiantará as despesas de atos que o juiz determinar de ofício ou requeridos pelo MP enquanto fiscal da ordem jurídica (art. 82, § 1º).

157

A sentença condenará o vencido a ressarcir todas as despesas que o vencedor pagou durante o processo (art. 82, § 2º).

158

Se o autor (estrangeiro ou não) que residir fora do Brasil ou se mudar do país durante o processo deverá prestar caução para arcar com as custas e honorários do advogado, se não tiver bens imóveis capazes de garantir o pagamento (art. 83).

159

Não haverá necessidade dessa caução em 3 situações (art. 83, § 1º):
(i) quando houver dispensa em tratado internacional;
(ii) na execução ou cumprimento de sentença;
(iii) na reconvenção.

Dos Honorários Advocatícios

160

Os honorários advocatícios ganharam significativo destaque na elaboração do NCPC, sendo objeto de polêmicas deliberações do início ao fim da tramitação do projeto legislativo.

161

O tema é tratado no art. 85, que tem 19 parágrafos (artigo mais longo do NCPC). Há muitas inovações, mas também diversas repetições do sistema anterior.

162

São devidos honorários não só na ação principal, mas também (art. 85, § 1º):

- na reconvenção;
- no cumprimento de sentença, provisório ou definitivo;
- na execução, resistida ou não, e
- nos recursos, cumulativamente ao fixado em 1º grau.

163

Os honorários serão fixados, em 1º grau, entre 10% e 20%. A base de cálculo será (i) o valor da condenação (como no CPC/1973) ou – inovação – (ii) do proveito econômico ou (iii) do valor atualizado da causa (art. 85, § 2º).

164

Isso se aplica mesmo ao caso de improcedência de pedido. Portanto, se o autor pedir uma indenização de R$ 1 milhão e o pedido for improcedente, a base de cálculo será o valor da causa – e não fixação a critério do juiz, como no CPC/1973.

165

Se o valor da causa for muito baixo ou o proveito econômico irrisório, o juiz fixará os honorários de forma equitativa (art. 85, § 8º) – ou seja, fixará os honorários em quantia superior, considerando as especificidades do caso concreto.

166

Nas causas em que a Fazenda Pública for parte, a fixação dos honorários observará critérios legais e percentuais de modo escalonado, por ex.: I – mínimo de 10 e máximo de 20% sobre o valor da condenação/proveito econômico obtido até 200 salários mínimos; II – mínimo de 8 e máximo de 10% sobre o valor da condenação/proveito econômico obtido entre 200 e 2.000 salários (art. 85, § 3º).

167

Considerável novidade é a fixação de honorários em grau recursal. O tribunal, ao julgar o recurso, majorará os honorários fixados anteriormente, levando em conta o trabalho adicional realizado em grau recursal. Assim, se em primeiro grau foi fixado o montante de 10% da condenação a título de honorários, o tribunal poderá fixar mais 5% quando do julgamento do recurso. Contudo, será vedado, no cômputo geral da fixação de honorários devidos ao advogado do vencedor, ultrapassar os limites estabelecidos para a fase de conhecimento (art. 85, § 11)

168

A legislação não especifica se haverá a majoração de honorários em todos os recursos, mas a tendência é que não haja em embargos de declaração. Por sua vez, no agravo de instrumento somente haverá aumento se a decisão recorrida fixar honorários (como em julgamento antecipado parcial do mérito). Os honorários fixados em grau recursal são cumuláveis com multas e outras sanções processuais (§ 12).

169

O NCPC, confirmando entendimento consagrado na jurisprudência, reconhece que os honorários constituem direito do advogado e têm natureza alimentar, sendo titulares dos mesmos privilégios de créditos oriundos da legislação trabalhista (art. 85, § 14).

170

O § 14 do art. 85 inova ao vedar a compensação dos honorários advocatícios em caso de sucumbência parcial, promovendo a superação da Súmula 306 do STJ ("Os honorários advocatícios devem ser compensados quando houver sucumbência recíproca, assegurado o direito autônomo do advogado à execução do saldo sem excluir a legitimidade da própria parte").

171

Se a decisão transitada em julgado for omissa quanto ao direito aos honorários ou seu valor, será cabível ação autônoma para sua definição e cobrança (art. 85, § 18); a previsão gera a superação da parte final da Súmula 453 do STJ ("Os honorários sucumbenciais, quando omitidos em decisão transitada em julgado, não podem ser cobrados em execução ou em ação própria").

172

Advogados públicos perceberão honorários sucumbenciais nos termos da lei (art. 85, § 19). Assim, salvo regras específicas de determinadas carreiras da advocacia pública (que já recebem honorários de sucumbência), enquanto não houver edição de lei específica, não haverá o pagamento dos honorários.

173

É mantida a regra de, no caso de sucumbência mínima, a responsabilidade pela sucumbência será na íntegra do outro litigante (art. 86, parágrafo único).

174

Se houver litisconsórcio, haverá o pagamento pelos vencidos proporcionalmente, devendo a sentença distribuir expressamente quanto cada parte arcará. Contudo, se a sentença for omissa – e não houver embargos de declaração quanto ao ponto – então haverá solidariedade entre todos os vencidos. Trata-se de interessante inovação prevista no § 2º do art. 87.

175

No caso de transação, se não houver previsão de quem arca com as despesas, estas serão divididas igualmente (art. 90, § 2º). Se a transação ocorrer antes da sentença, haverá dispensa do pagamento de eventuais custas remanescentes (art. 90, § 3º).

176

Caso o réu reconheça a procedência do pedido e, ao mesmo tempo, cumprir a obrigação que reconheceu, haverá redução dos honorários pela metade. Trata-se de mais uma situação envolvendo desconto nos honorários sucumbenciais para estimular o cumprimento da obrigação (e esta novidade do NCPC – art. 90, § 4º).

177

Em termos de despesas processuais, merece destaque nova regra: quando o pagamento da perícia for de responsabilidade de beneficiário de gratuidade da justiça, ela poderá ser: I – custeada com recursos alocados no orçamento do ente público e realizada por servidor do Poder Judiciário ou órgão público conveniado; II – paga com recursos alocados no orçamento da União, do Estado ou do Distrito Federal, no caso de ser realizada por particular, caso em que o valor será fixado conforme tabela do tribunal respectivo ou, em se omissa, do CNJ (art. 95, § 3º).

178

Nas hipóteses acima indicadas, após o trânsito em julgado da decisão final, o juiz oficiará a Fazenda Pública para que promova, contra quem tiver sido condenado ao pagamento das despesas processuais, a execução dos valores gastos com a perícia particular ou com o uso de servidor ou da estrutura de órgão público (art. 95, § 4º).

Da Gratuidade da Justiça

179

A concessão da justiça gratuita é tratada na Lei 1.060/1950 e não no CPC/1973. No NCPC, tudo é regulado no âmbito do próprio Código (arts. 98 ao 102). Apesar disso, o art. 98 traz a expressão “na forma da lei” – o que pode permitir a edição de uma futura lei sobre o tema (e não seria a permanência da Lei 1.060/1950, pois há a revogação de diversos dispositivos dessa lei, conforme art. 1.072, III).

180

O NCPC regula a concessão e revogação da gratuidade de justiça – que é a isenção de custas e despesas, para os que têm insuficiência de recursos. Já a prestação de serviços jurídicos no Judiciário (ou seja, a indicação do advogado) é a assistência judiciária gratuita (tratada, no NCPC, no tópico da Defensoria Pública – arts. 185 ao 187).

181

Nada impede que uma parte que contrata advogado particular pleiteie e receba a gratuidade (art. 99, § 3º).

182

O NCPC afirma que a gratuidade de justiça engloba não só as taxas e custas, mas também (i) honorários do perito, (ii) exame de DNA e outros, (iii) depósito para interposição de recurso ou propositura de ação rescisória e (iv) valores devidos a cartórios em decorrência de registros ou averbações necessários à efetivação da decisão judicial (art. 98, § 1º).

183

Porém, se o beneficiário da justiça gratuita não tiver êxito na causa, deverá ser condenado a arcar com os honorários advocatícios da parte contrária (art. 98, § 2º). Mas somente será possível executar os honorários se, no prazo de 5 anos, o credor demonstrar que o beneficiário está com condições financeiras aptas a responder pelo débito (art. 98, § 3º).

184

Tampouco estão incluídas na gratuidade eventuais multas processuais impostas ao beneficiário (art. 98, § 4º).

185

O NCPC destaca haver direito da parte à gratuidade de justiça, seja ela pessoa física ou jurídica (art. 98). Mas só a pessoa física tem presunção na afirmação da hipossuficiência econômica (art. 99, § 3º), devendo a pessoa jurídica provar sua situação econômica (como já prevê a atual Súmula 481/STJ).

186

O art. 99 traz a ampla possibilidade de requerimento da gratuidade, destacando ser ele possível: (i) na petição inicial; (ii) na contestação; (iii) na petição de ingresso de terceiro e (iv) no recurso. Ou seja, cabe pleitear a gratuidade em qualquer momento do processo – mesmo durante a tramitação da causa em primeiro grau, após a inicial e antes do recurso.

187

Se o requerimento de gratuidade for formulado quando da interposição do recurso, o recorrente não terá de recolher o preparo – não sendo possível se falar em deserção até eventual decisão do relator que indeferir e determinar o recolhimento das custas (art. 99, § 7º).

188

No tocante à concessão da gratuidade, permanece a legislação sem fixar critérios objetivos, tratando-se de decisão que ficará a cargo do magistrado, conforme o caso concreto. A legislação apenas fala no direito à gratuidade no caso de "insuficiência de recursos para pagar as custas, despesas processuais e honorários advocatícios" (art. 98).

189

Não é possível ao juiz indeferir de plano a gratuidade (art. 99, § 2º). Se não estiver convencido da presença dos requisitos, deverá o magistrado determinar que a parte comprove sua situação de hipossuficiência econômica.

190

Novidade que seguramente trará debates e uma série de dúvidas é a concessão de "justiça gratuita parcial", que pode se configurar de duas formas distintas: (i) reconhecimento da gratuidade para alguns dos atos do processo ou apenas a redução de parte das despesas (art. 98, § 5º) e (ii) parcelamento de despesas, "se for o caso" (art. 98, § 6º). O NCPC não traz qualquer critério para a aplicação dessas situações.

191

Uma vez deferida a gratuidade, se a parte contrária discordar, haverá a discussão do tema perante o próprio magistrado que concedeu o benefício. Mas isso não será feito, como no CPC/1973, mediante uma peça apartada que tramitará em apenso, mas sim nos próprios autos.

192

Assim, deferido o pedido, a parte contrária poderá oferecer impugnação na contestação, na réplica, nas contrarrazões de recurso ou, nos casos de pedido superveniente ou formulado por terceiro, por meio de petição simples, a ser apresentada no prazo de quinze dias (art. 100).

193

O NCPC não prevê de quem é o ônus da prova na impugnação. Mas, considerando a presunção de gratuidade da pessoa física, é de se concluir que seja do próprio impugnante. Mas nada impede que o juiz aplique o ônus dinâmico da prova e decida de forma distinta (art. 373, § 1º).

194

Inovação que trará dúvida é relacionada ao prazo: não se tratando de contestação, réplica ou contrarrazões (hipóteses nas quais já há prazo estipulado pelo Código), afirma o legislador que o prazo é de 15 dias (art. 100). Contudo, qual o termo inicial desse prazo? A interpretação mais adequada é que seja o conhecimento da situação de não hipossuficiência econômica do beneficiário (e é claro que não há como delimitar claramente quando isso ocorreu).

195

Em relação ao recurso cabível da decisão que aprecia a impugnação, o NCPC resolveu um problema existente no sistema anterior (art. 101). Assim: (i) se o juiz indeferir a gratuidade pleiteada por qualquer das partes, o recurso cabível será o agravo de instrumento; (ii) se a impugnação à justiça gratuita for acolhida, o recurso cabível será o agravo de instrumento; (iii) se o magistrado decidir quanto à gratuidade (para deferi-la ou não, seja relacionada à impugnação ou não) na própria sentença, o recurso cabível será a apelação.

196

Transitada em julgado a decisão que revogou a gratuidade, a parte que teve o benefício cassado deverá recolher todas as despesas do processo, em prazo fixado pelo juiz (art. 102). Caso não haja o recolhimento, se o ex-beneficiário for o autor, o processo será extinto; se for o réu, não haverá o deferimento de qualquer ato requerido por essa parte até que haja o pagamento (art. 102, parágrafo único) – dispositivo que pode vir a ser declarado inconstitucional.

CAPÍTULO III – Dos Procuradores

197

A parte não é dotada de capacidade postulatória, dependendo, portanto, de representação de advogado inscrito na OAB (art. 103).

198

O advogado, para postular, deve juntar procuração. Porém, poderá peticionar sem procuração em situações de urgência – para pleitear em caso de urgência ou para evitar preclusão, decadência ou prescrição (art. 104). Nesse caso, o advogado deverá juntar a procuração em 15 dias.

199

A procuração geral para o foro (procuração com a cláusula *ad judicia*) permite que o advogado realize os principais atos do processo. Para situações específicas, há necessidade de constar da procuração um ou alguns dos poderes especiais, que são os seguintes – existindo novidades em relação ao CPC/1973 (NCPC, art. 105):

(i) receber citação,

(ii) confessar,

(iii) reconhecer a procedência do pedido,

(iv) transigir,

(v) desistir,

(vi) renunciar ao direito sobre o qual se funda a ação,

(vii) receber,

(viii) dar quitação,

(ix) firmar compromisso e

(x) assinar declaração de hipossuficiência econômica.

200

Inova o NCPC ao determinar que da procuração conste o nome, número de inscrição e endereço da sociedade de advogados – se o advogado fizer parte de alguma, por certo (art. 105, § 3º).

201

Outra inovação é a afirmação de que a procuração, salvo previsão em sentido contrário constante do próprio instrumento, é eficaz por toda a tramitação do processo, inclusive o cumprimento de sentença (art. 105, § 4º).

202

O NCPC também inova na regulamentação da vista quando o prazo for comum (em processos físicos, por óbvio). Poderá o advogado, independentemente de qualquer ajuste, retirar os autos para obtenção de cópias, pelo prazo de 2 a 6 horas. Se não houver a devolução no prazo, o advogado perde esse direito (art. 107, §§ 3º e 4º).

CAPÍTULO IV – Da Sucessão das Partes e dos Procuradores

203

Corrigindo um erro terminológico do CPC/1973, o NCPC chama a troca de advogados ou partes de sucessão processual (o Código anterior falava em substituição, que é outro instituto processual). Quanto às hipóteses, há basicamente repetição das regras previstas no CPC/1973 (NCPC, arts. 108 a 110).

204

Mantem o NCPC as hipóteses de revogação (pelo cliente) e renúncia (pelo advogado) do mandato (arts. 111 e 112). Inclusive em relação à necessidade de o advogado comunicar a renúncia ao cliente e continuar a representá-lo no prazo de 10 dias, para evitar prejuízo. A novidade legislativa é que não há necessidade dessa comunicação se houver outros advogados constituídos e algum deles continuar nos autos (art. 112, § 2º).

TÍTULO II – Do Litisconsórcio

205

Inicia o NCPC, a respeito do litisconsórcio, apontando as situações nas quais é possível (mas não obrigatório) que ele ocorra, ou seja, as situações de litisconsórcio facultativo.

206

O NCPC traz 3 situações em que se admite o litisconsórcio facultativo, uma a menos que o CPC/1973 (art. 113):

(i) comunhão de direitos ou obrigações;

(ii) conexão com base no pedido ou causa de pedir; e

(iii) afinidade de um ponto comum de fato ou direito.

207

Repetindo o CPC/1973, o NCPC traz a figura do litisconsórcio plúrimo, múltiplo ou multitudinário (grande número de litisconsortes ativos facultativos, que dificulte a celeridade processual e/ou a defesa do réu). Nesse caso – seja no processo de conhecimento ou execução, em qualquer procedimento, inclusive na liquidação de sentença (e isto é inovação) – o juiz poderá, de ofício ou a requerimento da parte, limitar o número de litisconsortes (NCPC, art. 113, § 1°).

208

O litisconsórcio necessário é aquele no qual há pluralidade de litigantes porque a lei ou a relação jurídica objeto do litígio assim determinam (art. 114).

209

Existente o litisconsórcio, a decisão proferida deve, obrigatoriamente, ser a mesma para os litisconsortes? Quando a resposta for negativa, haverá litisconsórcio simples ou comum; quando a resposta por positiva, haverá litisconsórcio unitário (art. 116).

210

Quando não observado o litisconsórcio necessário, as consequências estão no art. 115: (i) se o litisconsórcio for necessário unitário, haverá total nulidade da sentença, com a devolução dos autos para a origem para que haja a integração (mediante citação) dos litisconsortes necessários; (ii) se o litisconsórcio for necessário simples, a decisão proferida será válida, mas apenas ineficaz em relação a quem não integrou a relação processual.

211

Tal qual no Código anterior, os litisconsortes serão considerados como litigantes distintos. Porém, inova o NCPC ao afirmar que isso não se aplica no litisconsórcio unitário, momento em que os "atos e as omissões de um não prejudicarão os outros, mas os poderão beneficiar" (art. 117).

TÍTULO III – Da Intervenção de Terceiros

212

No CPC/1973 existiam 5 intervenções de terceiro (assistência, oposição, nomeação, denunciação e chamamento). No NCPC, houve importantes modificações:

(i) oposição deixou de ser intervenção de terceiro e passou a ser procedimento especial (art. 682 e ss.),

(ii) nomeação à autoria deixou de existir, cabendo agora ao réu, ao alegar ilegitimidade, apontar quem é o efetivo réu (art. 339) e

(iii) houve inserção do incidente de desconsideração da personalidade jurídica (arts. 133 a 137) e do *amicus curiae* (art. 138).

213

Portanto, além das duas novas inserções (item iii acima), foram mantidas a assistência, a denunciação e o chamamento.

CAPÍTULO I – Da Assistência

214

Na assistência, terceiro busca seu ingresso no processo para auxiliar o assistido (seja o autor, seja réu). Para que a assistência seja possível, é necessário existir interesse jurídico, e não interesse econômico ou moral (art. 119).

215

Se o interesse não for jurídico, talvez possa ser hipótese (dependendo de quem for o terceiro) de ingresso como *amicus curiae*.

216

Se a parte contrária do assistido ou mesmo o assistido não concordarem com a assistência, caberá impugnação, sem efeito suspensivo – a ser ofertada em 15 dias (prazo agora é maior – previsto no art. 120 do NCPC).

CAPÍTULO II – Da Denunciação da Lide

217

A denunciação tem por finalidade fazer com que terceiro venha a litigar em conjunto com o denunciante e, se houver a condenação deste, o denunciado irá ressarcir o prejuízo do denunciante. Ou seja, a denunciação é, na realidade, uma ação de regresso – a qual tramita em conjunto com a ação principal (art. 125).

218

No CPC/1973, o legislador destacava ser obrigatória a denunciação. No CPC/2015, a terminologia foi trocada: agora, a denunciação "é admissível" (art. 125). Assim, se a denunciação for indeferida, não for proposta ou não for permitida, não há problema: sempre será possível utilizar ação autônoma (art. 125, § 1º).

219

Inova o NCPC ao destacar ser cabível, na hipótese de evicção, a denunciação do alienante imediato (art. 125, I – não havia esse termo no CPC/1973). A distinção não é irrelevante. Assim, se o bem objeto da evicção foi vendido de "A" para "B", de "B" para "C" e deste para "D"; e se "D", réu, denuncia "C", por uma primeira leitura do dispositivo, não seria possível uma denunciação sucessiva. Porém, o § 2º do art. 125 permite uma "única denunciação sucessiva".

220

Ou seja, o sistema passa a vedar sucessivas denunciações da lide dentro do mesmo processo (sendo possível, portanto, apenas duas). No exemplo acima, então "D" pode denunciar "C" e este poderá (em "única denunciação sucessiva") denunciar "B". Mas, para se chegar a "A", haverá necessidade de ação autônoma.

221

Feita a denunciação pelo autor, o denunciado pode passar a ser litisconsorte ativo do denunciante e aditar a inicial (art. 127).

222

Feita a denunciação pelo réu (o mais frequente), inova o NCPC ao prever três possibilidades (art. 128):

(i) denunciado contesta o pedido do autor (nesse caso, a demanda principal terá de um lado o autor e, do outro, em litisconsórcio, o denunciante [réu original] e o denunciado);

(ii) denunciado revel em relação à denunciação, ou seja, o denunciado se abstém de contestar a denunciação (nessa hipótese, para o denunciado, há revelia em relação à denunciação e o denunciante, réu na ação principal, poderá (a) prosseguir normalmente com a sua defesa apresentada na ação principal ou (b) abrir mão dessa defesa na ação principal e prosseguir apenas com a busca da procedência da denunciação, de modo a transferir para o denunciado a provável condenação da ação principal);

(iii) denunciado confessa o alegado na ação principal, ou seja, o denunciado admite como verdadeiros, os fatos narrados pelo autor na petição inicial da ação principal (nesse caso, surge a possibilidade de o denunciante (a) prosseguir normalmente com a sua defesa apresentada na ação principal ou (b) abrir mão dessa defesa na ação principal, para prosseguir apenas com a busca da procedência na ação de regresso).

As situações (ii) e (iii) são novidades do NCPC.

223

O CPC/1973 previa a suspensão do processo quando determinada a citação do denunciado. Não há essa previsão no CPC/2015, de modo que o processamento da denunciação não mais suspende o processo.

224

Outra inovação do NCPC é a previsão de que, se o denunciante for vencedor, (i) a denunciação não terá o seu pedido examinado ("perda de objeto") e (ii) haverá a condenação do denunciante ao pagamento de sucumbência em favor do denunciado (art. 129, parágrafo único).

CAPÍTULO III – Do Chamamento ao Processo

225

O chamamento ao processo tem por finalidade fazer com que terceiros (outros devedores solidários) venham a litigar em conjunto com o chamante (art. 130). A principal distinção entre a denunciação e o chamamento é que neste não há a necessidade de se provar que o terceiro também é responsável pelo débito (diferentemente da denunciação, em que há uma verdadeira ação de regresso). Quanto ao cabimento, há repetição do NCPC.

226

Se o chamamento for deferido pelo juiz, o chamado terá de ser citado. E deve o réu-chamante providenciar as diligências necessárias para esse ato processual (como, por exemplo, pagamento de custas ou retirada de carta precatória para distribuição). A inércia do réu chamante acarretará a revogação da decisão que determinou o chamamento (art. 131).

227

Concede o NCPC o prazo de trinta dias para o réu providenciar a citação (mesma comarca) e 2 meses para comarcas distintas (art. 131, parágrafo único). Eventual falha ou morosidade no serviço forense, por óbvio, não poderá prejudicar a parte interessada.

CAPÍTULO IV – Do Incidente de Desconsideração da Personalidade Jurídica

228

O NCPC também inova ao prever regras sobre o Incidente de desconsideração da personalidade jurídica, expressando ser cabível sua promoção em todas as fases do processo de conhecimento, no cumprimento de sentença e na execução de título executivo extrajudicial (art. 134).

229

O requerimento de tal incidente deverá demonstrar o preenchimento dos pressupostos legais para a desconsideração e sua instauração suspenderá o processo.

230

Mostrando preocupação com a garantia do contraditório, o legislador previu que, instaurado o incidente de desconsideração da personalidade jurídica, o sócio ou a pessoa jurídica seja citado para se manifestar e requerer as provas cabíveis em até 15 dias (art. 135).

231

Concluída a instrução, se necessária, o incidente de desconsideração da personalidade jurídica será resolvido por decisão interlocutória; se a decisão for proferida pelo relator, caberá agravo interno (art. 136).

232

Acolhido o pedido de desconsideração, a alienação ou a oneração de bens, havida em fraude de execução, será ineficaz em relação ao requerente (art. 137).

CAPÍTULO V – Do *Amicus Curiae*

233

O NCPC passar a regrar a figura do *amicus curiae*. A proposta é que este terceiro, defendendo uma posição institucional (que não necessariamente coincida com a das partes) intervenha para apresentar dados proveitosos à apreciação da demanda.

234

O magistrado, considerando a relevância da matéria, a especificidade do tema objeto da demanda ou a repercussão social da controvérsia, poderá, por decisão irrecorrível, de ofício ou a requerimento das partes ou de quem pretenda manifestar-se, solicitar ou admitir a participação de pessoa natural ou jurídica, órgão ou entidade especializada, com representatividade adequada, no prazo de 15 dias de sua intimação (art. 138).

235

O *amicus* não era previsto no CPC/1973, mas já era previsto em leis específicas, e utilizado no controle concentrado de constitucionalidade no STF e no julgamento de recursos repetitivos (hipótese expressamente mencionada no NCPC – art. 138, § 3º).

236

Já há o debate se deve ser admitido *amicus curiae* em causas individuais em 1º grau. O NCPC não veda expressamente a hipótese.

TÍTULO IV – Do Juiz e dos Auxiliares da Justiça

CAPÍTULO I – Dos Poderes, dos Deveres e da Responsabilidade do Juiz

237

O art. 139 do NCPC traz os poderes do juiz. Além da repetição dos poderes existentes no CPC/1973, existem algumas novidades, com destaque para as seguintes:

(i) possibilidade de (a) dilação dos prazos processuais e (b) alteração da ordem de produção das provas, considerando o caso concreto (a dilação de prazos só pode ser determinada antes de encerrado o prazo regular);

(ii) possibilidade de o juiz determinar o suprimento de pressupostos processuais e o saneamento de outros vícios processuais;

(iii) quando diante de diversas demandas individuais repetitivas, pode o juiz oficiar o MP, a Defensoria Pública e outros legitimados para que se promova a ação coletiva.

(iv) possibilidade de atos coercitivos (como multa periódica ou outras medidas) para o cumprimento de ordens judiciais, inclusive na obrigação de pagar (ou seja, a atipicidade dos meios executivos também para a execução de quantia).

CAPÍTULO II – Dos Impedimentos e da Suspeição

238

Mantém o NCPC dois fatores relevantes para afastar do processo o juiz e os auxiliares que tenham comprometida sua imparcialidade: impedimentos e suspeição. O NCPC muitas das situações previstas no CPC/1973 que configuram a parcialidade.

239

Inova o NCPC ao prever o impedimento do juiz em relação a processo que for parte instituição de ensino com a qual tenha relação de emprego ou decorrente de contrato de prestação de serviços (art. 144, VII).

240

O NCPC também inova trazendo uma polêmica causa de impedimento. Juiz e auxiliares não podem exercer suas funções no processo quando figurar como parte cliente do escritório de advocacia de seu cônjuge, companheiro ou parente, consanguíneo ou afim, em linha reta ou colateral, até o terceiro grau inclusive, mesmo que patrocinado por advogado de outro escritório (art. 144, VIII).

241

Não existe mais exceção de impedimento e suspeição (prevista no CPC/1973). No NCPC, no prazo de 15 dias a partir do conhecimento do fato, a parte deve alegar o impedimento ou a suspeição, em petição específica dirigida ao juiz do processo. Nessa peça, será indicado o fundamento da recusa quanto ao magistrado e poderá haver juntada de documentos e indicação de testemunhas (art. 146).

242

Se o juiz não se declarar impedido ou suspeito, o incidente será encaminhado ao tribunal, e haverá o sorteio de um relator, que poderá conceder efeito suspensivo ou não (art. 146, § 2º).

CAPÍTULO III – Dos Auxiliares da Justiça

243

O art. 149 traz diversos profissionais como auxiliares da justiça (muitos não previstos no CPC/1973): escrivão, chefe de secretaria, oficial de justiça, perito, depositário, administrador, intérprete, tradutor, mediador, conciliador judicial, partidor, distribuidor, contabilista e regulador de avarias.

244

Em complemento ao art. 12 do NCPC (que prevê a ordem cronológica preferencial de julgamentos), o art. 153 prevê que o escrivão (Justiça Estadual) ou chefe de secretaria (Justiça Federal) preferencialmente obedecerá à ordem cronológica de recebimento para publicação e efetivação dos pronunciamentos judiciais. Apesar das alterações nos dois dispositivos citados realizada pela Lei 13.256/2016, o Código segue prevendo a instauração de processo administrativo disciplinar contra o servidor envolvido em preterição da ordem (art. 153, § 5º).

245

Em relação ao perito, existem algumas inovações. A principal é que esse profissional não será mais de livre escolha pelo juiz. O magistrado deverá nomear o perito entre os profissionais habilitados presentes em "cadastro mantido pelo tribunal ao qual o juiz está vinculado" (art. 156, § 1º).

246

O tribunal formará esse cadastro a partir de consulta pública, divulgada na internet e em jornais. Também será feita consulta direta a universidades, conselhos de classe, MP, Defensoria e OAB – para indicação de profissionais ou órgãos técnicos (art. 156, § 2º). Deverá haver avaliações periódicas para manutenção do cadastro.

247

Se não houver profissional cadastrado para o local onde tramita a demanda, então a nomeação do perito será de livre escolha pelo juiz (§ 5º).

Dos Conciliadores e Mediadores Judiciais

248

Conciliadores e mediadores são pessoas alheias ao conflito que, em uma estratégia consensual, intervêm imparcial e tecnicamente para viabilizar diálogos produtivos na busca de soluções proveitosas para os envolvidos. As vantagens de adotar os meios consensuais estão ligadas às características de seus frutíferos resultados: celeridade, satisfação, economia e cumprimento voluntário dos pactos.

249

A mediação aparece de forma pioneira no NCPC; no CPC/1973 constavam previsões apenas sobre a conciliação, meio consensual tradicional no Brasil. Também é novidade a inclusão, no regramento dos auxiliares da justiça, de uma seção destinada a mediadores e conciliadores judiciais. A iniciativa é coerente com o grande fomento dado pela legislação aos meios consensuais, vistos como importantes mecanismos de gestão de controvérsias. A Lei 13.140 adveio, em 26.06.2015, para dispor sobre a mediação enquanto meio consensual de solução de conflitos entre particulares e no âmbito da administração pública; sua entrada em vigor se dará em 180 dias após sua publicação – antes, portanto, do que a do NCPC. Embora haja semelhanças, há também diferenças de previsões que precisarão ser compatibilizadas pelos intérpretes.

250

O regramento do NCPC destaca a criação dos Centros judiciários de solução consensual de conflitos; a previsão do art. 165 praticamente coincide com a do art. 24 da Lei 13.140/2015. As previsões repetem iniciativa inaugurada pela Resolução CNJ 125/2010, que no art. 8º estipulou aos Tribunais o dever de criar Centros Judiciários de Solução de Conflitos e Cidadania ("Centros" / "Cejuscs") para atender aos Juízos, Juizados ou Varas com competência nas áreas cível, fazendária, previdenciária e de família, assim como aos Juizados Especiais Cíveis, Criminais e Fazendários. Tais unidades judiciárias são responsáveis pela realização de sessões e audiências de conciliação e mediação a cargo de conciliadores e mediadores, bem como por atendimento e orientação aos cidadãos.

251

A composição e a organização dos centros serão definidas pelo tribunal local com a observância das normas do Conselho Nacional de Justiça (NCPC, art. 165, § 1º; Lei 11.340/2015, art. 24, § 1º). O reconhecimento de autonomia aos tribunais se justifica para que possam atuar com certa flexibilidade ao aprimorar e/ou ajustar as experiências exitosas implementadas até a entrada em vigor das novas legislações.

252

O legislador do NCPC atuou muito bem ao diferenciar a atuação do terceiro facilitador conforme pratique mediação ou conciliação. Embora haja certa polêmica doutrinária sobre a diferenciação, é útil distinguir os institutos para evitar confusões quanto às técnicas empregadas e aos objetivos de cada mecanismo, evitando sua utilização indevida em prejuízo dos envolvidos.

253

É interessante que as partes manifestem-se sobre a pertinência da adoção, no caso concreto, de mediação ou conciliação, indicando-a na petição inicial, na contestação ou em petição posterior; não o fazendo, caberá ao Tribunal apreciar adequadamente o perfil da causa e o histórico do conflito para encaminhar o caso à via consensual apropriada.

254

Pela conciliação um terceiro imparcial intervém tecnicamente para colaborar no encontro de situações que favoreçam a celebração de acordos; se necessário, o conciliador pode expor vantagens e desvantagens das posições sustentadas pelas partes, propondo saídas alternativas para a controvérsia sem, porém, forçar a realização de pactos.

255

No Novo Código a conciliação é considerada o meio consensual recomendável, preferencialmente, para abordar conflitos ligados a relações episódicas: não tendo havido anterior vínculo entre as partes (NCPC, art. 165, § 2º), o trato consensual pode focar aspectos mais objetivos da disputa e o conciliador pode sugerir soluções.

256

Mediação é o meio consensual de abordagem de controvérsias em que uma pessoa isenta e devidamente capacitada atua tecnicamente para facilitar a comunicação e propiciar que os envolvidos no conflito possam, a partir da restauração do diálogo, encontrar formas produtivas de lidar com as disputas (TARTUCE, Fernanda. *Mediação nos conflitos civis*. 2. ed.). Nos termos da Lei 13.140/2015, considera-se mediação a atividade técnica exercida por terceiro imparcial sem poder decisório que, escolhido ou aceito pelas partes, as auxilia e estimula a identificar ou desenvolver soluções consensuais para a controvérsia (art. 1º, parágrafo único).

257

Em conflitos sobre relações continuadas costuma ser mais eficiente a mediação porque nela são trabalhados pontos importantes do vínculo entre os envolvidos de modo que eles possam engendrar saídas conjuntas para os impasses. Em controvérsias de vizinhança, por exemplo, a disputa por uma específica situação de vantagem está inserida em um contexto maior que precisa ser bem trabalhado, já que podem ter havido eventos anteriores que comprometem a comunicação e/ou a crença na boa-fé do outro.

258

O mediador estimula a criatividade e fomenta a elaboração de propostas pelos envolvidos; ele não as cria nem as apresenta, preservando a autoria e o protagonismo de cada um. Quem integra relações continuadas conhece melhor do que ninguém as possibilidades e os limites dos envolvidos, sendo importante que cada um se empenhe na busca de saídas produtivas.

259

A mediação, por abordar diversos pontos do histórico controvertido, geralmente é desenvolvida em mais de uma sessão; já a conciliação costuma ser realizada em um encontro, já que a relação é episódica e o conflito é trabalhado em uma vertente pontual. Nada impede, porém, que sejam designadas redesignadas mais sessões para o avanço também da via conciliatória.

260

A lei processual destaca serem princípios da mediação e da conciliação a independência, a imparcialidade, a autonomia da vontade, a confidencialidade, a oralidade, a informalidade e a decisão informada (art. 166). Segundo a Lei 13.140/2015, a mediação será orientada pelos seguintes princípios: I – imparcialidade do mediador; II – isonomia entre as partes; III – oralidade; IV – informalidade; V – autonomia da vontade das partes; VI – busca do consenso; VII – confidencialidade; VIII – boa-fé. A Resolução 125/2010 do CNJ também aborda o tema, ressaltando serem princípios fundamentais da atuação de conciliadores e mediadores judiciais a confidencialidade, a decisão informada, a competência, a imparcialidade, a independência, a autonomia, o respeito à ordem pública e às leis vigentes, o empoderamento e a validação (Anexo III, art. 1º).

261

A observância dos princípios que regem a autocomposição é essencial para a sua prática apropriada – sobretudo para evitar desvios porventura verificados na atuação de pessoas empenhadas na obtenção de acordos a qualquer custo. Dentre as previsões, destacam-se como princípios repetidamente mencionados em diferentes normas a imparcialidade, a oralidade, a autonomia da vontade, a informalidade e a confidencialidade. Pela pertinência temática desta obra, serão destacados os princípios contemplados no NCPC.

262

O princípio da independência implica que conciliadores e mediadores possam atuar livremente, sem subordinação nem influência de qualquer ordem. A Resolução 125/2010 do CNJ associa independência e autonomia, destacando que elas implicam no dever de atuar com liberdade sem sofrer qualquer pressão interna ou externa. É permitido ao mediador ou a conciliador recusar, suspender ou interromper a sessão se ausentes as condições necessárias para seu bom desenvolvimento, não sendo obviamente obrigados a redigir acordos ilegais ou inexequíveis (Resolução 125/2010 anexo III, art. 1°, V).

263

A imparcialidade representa a equidistância e a ausência de comprometimento de qualquer ordem em relação aos envolvidos no conflito, sendo sua presença um fator determinante para o reconhecimento da legitimidade da atuação do terceiro que intervém no conflito. Nos termos da Resolução 125/2010 do CNJ, imparcialidade é o dever de agir com ausência de favoritismo, preferência ou preconceito, assegurando que valores e conceitos pessoais não interfiram no resultado do trabalho, compreendendo a realidade dos envolvidos no conflito e jamais aceitando qualquer espécie de favor ou presente (art. 1°, V).

264

Pela autonomia da vontade, a intenção expressa por pessoa plenamente capaz com liberdade e observância dos cânones legais deve ser tida como soberana. A Resolução 125/2010 do CNJ reconhece ser a autonomia da vontade o dever de respeitar os diferentes pontos de vista dos envolvidos, assegurando-lhes que cheguem a uma decisão voluntária e não coercitiva com liberdade para tomar as próprias decisões durante ou ao final do processo, podendo interrompê-lo a qualquer momento (Anexo III, art. 2°, II).

265

Pelo princípio da decisão informada, é dever do facilitador da comunicação manter o jurisdicionado plenamente ciente quanto aos seus direitos e ao contexto fático no qual está inserido (Resolução 125/2010 do CNJ, anexo III, art. 1°, II). Vale lembrar, porém, que mediadores e conciliadores não devem atuar como assessor técnico nem advogado de qualquer das partes por força da imparcialidade que norteia sua atuação.

266

A confidencialidade é uma diretriz essencial. Para que os participantes da sessão consensual possam negociar com abertura e transparência, é essencial que se sintam protegidos em suas manifestações, contando com a garantia de que o que disserem não será usado contra si posteriormente. Assim, por exemplo, se infrutífera a tentativa consensual, a proposta feita na audiência de conciliação não deverá constar no termo (a não ser que as partes concordem com sua inclusão, nos termos do art. 166, § 1° do NCPC). No mesmo sentido, aponta a Lei de Mediação que toda informação relativa ao procedimento de mediação será confidencial em relação a terceiros, não podendo ser revelada nem mesmo em processo (arbitral ou judicial) – salvo se as partes expressamente decidirem de forma diversa ou quando sua divulgação for exigida por lei ou necessária para cumprimento de acordo obtido pela mediação (Lei 13.140/2015, art. 30).

267

Se, violando a confidencialidade, alguém levar aos autos dados obtidos de modo privilegiado na sessão consensual, a prova deverá ser reputada ilícita por violar o ordenamento e os princípios processuais. Segundo a Lei 13.140/2015, o dever de confidencialidade aplica-se ao mediador, às partes, a seus prepostos, advogados, assessores técnicos e a outras pessoas de sua confiança que tenham, direta ou indiretamente, participado do procedimento de mediação, alcançando: I – declaração, opinião, sugestão, promessa ou proposta formulada por uma parte à outra na busca de entendimento para o conflito; II – reconhecimento de fato por qualquer das partes no curso do procedimento de mediação; III – manifestação de aceitação de proposta de acordo apresentada pelo mediador; IV – documento preparado unicamente para os fins do procedimento de mediação. A prova apresentada em desacordo com a observância do sigilo não será admitida em processo arbitral ou judicial (Lei 13.140, art. 30, § 2º); não está abrigada pela confidencialidade, porém, a informação relativa à ocorrência de crime de ação pública (art. 30, § 3º).

268

Por força do sigilo, o terceiro facilitador do diálogo não pode expor a outrem o teor ouvido nas sessões consensuais. A Resolução 125/2010 do CNJ trata a confidencialidade como dever de manter sigilo sobre as informações obtidas na sessão, salvo autorização expressa das partes, violação à ordem pública ou às leis vigentes, não podendo o conciliador/mediador ser testemunha do caso nem atuar como advogado dos envolvidos em qualquer hipótese (Anexo III, art. 1º, I). Por força de tal diretriz, a Lei de Mediação expressa que o mediador não poderá atuar como árbitro nem funcionar como testemunha em processos (judiciais ou arbitrais) relacionados a conflito em que tenha atuado (Lei 13.140/2015, art. 7º).

269

O mediador e o conciliador atuam como facilitadores da comunicação, devendo se valer de técnicas e estratégias negociais para conduzir o procedimento de forma produtiva (NCPC, art. 165, § 3º). Vale reiterar que o mediador e o conciliador precisam se manter imparciais na aplicação das técnicas, evitando fazer "alianças" com qualquer das partes. Como bem destaca a Lei de Mediação, o mediador conduzirá o procedimento de comunicação entre as partes buscando o entendimento e o consenso e facilitando a resolução do conflito (Lei 13.140/2015, art. 4º, § 1º).

270

Embora haja diretrizes doutrinárias sobre as etapas empreendidas nas sessões consensuais, reconhece-se haver flexibilidade ao procedimento, já que a informalidade é uma das diretrizes dos meios consensuais. A flexibilidade é reconhecida na regra segundo a qual a mediação e a conciliação serão regidas conforme a livre autonomia dos interessados inclusive no que diz respeito à definição das regras procedimentais (NCPC, art. 166, § 4º). No desempenho de sua função, o mediador poderá reunir-se com as partes, em conjunto ou separadamente, assim como solicitar das partes as informações que entender necessárias para facilitar o entendimento entre aquelas (Lei 13.140/2015, art. 19).

271

Para fins de organização e transparência quanto à composição dos quadros de mediadores e conciliadores, o NCPC prevê expressamente a necessidade de seu duplo cadastramento: deverá haver inscrição em um cadastro nacional e no tribunal em que atuarão (art. 167). Além de pessoas físicas, poderão se cadastrar câmaras privadas de mediação e conciliação – expressão que abarca não só câmaras ligadas a entidades arbitrais como também instituições da iniciativa privada focadas na solução consensual de disputas. Segundo a Lei 13.140/2015, os tribunais criarão e manterão cadastros atualizados dos mediadores habilitados e autorizados a atuar em mediação judicial; a inscrição no cadastro de mediadores judiciais será requerida pelo interessado ao tribunal com jurisdição na área em que pretenda exercer a mediação (art. 12, § 1º).

272

Para ser mediador ou conciliador judicial será preciso preencher o requisito da capacitação mínima por meio de curso realizado por entidade credenciada, conforme parâmetro curricular definido pelo CNJ em conjunto com o Ministério da Justiça; obtido o certificado, o conciliador ou o mediador poderá requerer sua inscrição no cadastro nacional e no cadastro de tribunal de justiça ou de tribunal regional federal (NCPC, art. 167, § 1º). A Lei de Mediação exige ainda que o mediador judicial seja pessoa capaz graduada há pelo menos dois anos em curso de ensino superior de instituição reconhecida pelo Ministério da Educação (Lei 11.340/2015, art. 11).

273

Além do sistema de inscrição, a lei processual esclarece que poderá haver concurso público para mediadores e conciliadores judiciais. Escolhido o quadro, o tribunal remeterá ao diretor do foro da comarca, seção ou subseção judiciária onde atuará o conciliador ou o mediador os dados necessários para que seu nome passe a constar da respectiva lista a ser observada na distribuição alternada e aleatória, respeitado o princípio da igualdade dentro da mesma área de atuação profissional (art. 167, § 2º). A Lei de Mediação não se refere a concurso, mencionando o cadastramento de mediadores pelos tribunais e o custeio das despesas pelas partes (Lei 13.140/2015, arts. 12 e 13).

274

Quando do credenciamento das câmaras e do cadastro de conciliadores e mediadores, deverão ser informados todos os dados relevantes para sua atuação, como o número de processos de que participaram, o sucesso ou insucesso da atividade, a matéria sobre a qual versou a controvérsia e outros dados que o tribunal julgar relevantes (art. 167, § 3º). A ideia é que, a partir de tais dados, que serão classificados sistematicamente pelo tribunal e publicados ao menos anualmente –, possa haver conhecimento da população, análise estatística e avaliação dos meios consensuais e de seus facilitadores (NCPC, art. 167, § 4º).

275

O conciliador e o mediador judiciais cadastrados não poderão exercer a advocacia nos juízos em que exerçam suas funções (NCPC, art. 167, § 5º); a restrição não consta na Lei de Mediação. Supostamente visa-se evitar a impressão de que poderia haver favorecimentos indevidos ao auxiliar do juízo em outras oportunidades. É de se questionar a legitimidade da vedação; se a lógica é evitar influências, deveria haver igual previsão no regramento do perito quando este fosse advogado. Como a previsão aborda aspecto ligado à liberdade profissional (CF, art. 5º, XIII), temática de reserva legal qualificada, a restrição pode ser considerada inconstitucional.

276

O tribunal pode optar por estruturar quadro próprio de conciliadores e mediadores a ser preenchido por concurso público de provas e títulos, sendo observadas as disposições do Código (NCPC, art. 167, § 6º). Um ponto, contudo, que pode dificultar tal iniciativa é a falta de dotação orçamentária, considerando-se a crise financeira pela qual passa grande parte dos tribunais brasileiros.

277

Em mais uma mostra de valorização do consenso, o NCPC permite que as partes escolham o conciliador, o mediador ou a câmara privada de meios consensuais, destacando que o eleito poderá ou não estar cadastrado no tribunal (art. 168, § 1º). A Lei de Mediação segue na mesma linha ao dispor que o mediador será designado pelo tribunal ou escolhido pelas partes (art. 4º). A escolha do terceiro facilitador usualmente leva em conta fatores como honestidade, idoneidade técnica e respeitabilidade.

278

Caso não haja acordo para a escolha do mediador/conciliador, haverá distribuição entre aqueles cadastrados no registro do tribunal, observada a respectiva formação (art. 168, § 2º). Como a lei processual fala em formação, ressalta-se a pertinência da manifestação sobre o perfil do terceiro facilitador; o advogado, na petição, deve indicar se acha pertinente a atuação de um mediador de formação jurídica ou psicológica, conforme o caso. Na mediação judicial, os mediadores não estarão sujeitos à prévia aceitação das partes (Lei 13.140/2015, art. 25); assim, não tendo havido escolha, uma vez sorteado o terceiro facilitador não será preciso haver aceitação expressa do nome pelas partes.

279

A lei destaca a possibilidade de haver atuação conjunta sempre que se revelar recomendável a participação de mais de um mediador (em "comediação") ou mais de um conciliador (art. 168, § 3º). A requerimento das partes ou do mediador, e com anuência daquelas, poderão ser admitidos outros mediadores para funcionarem no mesmo procedimento quando isso for recomendável em razão da natureza e da complexidade do conflito (Lei 13.140/2015, art. 15). Recomenda-se a atuação conjunta, por exemplo, quando se revelar pertinente contar com facilitadores de diferentes gêneros e formações.

280

O NCPC prevê que, em regra, mediadores e conciliadores serão remunerados pelo exercício de sua função (art. 169). A previsão é coerente com a exigência de capacitação e cadastramento, pauta que demanda tempo e dedicação dos facilitadores da comunicação. A remuneração deverá ser prevista em uma tabela do Tribunal e observar parâmetros ditados pelo CNJ; como se percebe, há significativa abertura aos órgãos jurisdicionais para fixar os montantes devidos. Pela Lei de Mediação, a remuneração devida aos mediadores judiciais será fixada pelos tribunais e custeada pelas partes, sendo assegurada aos necessitados a gratuidade (art. 13).

281

A prática predominante no Brasil até 2015, que considera voluntário o trabalho de mediadores e conciliadores judiciais, poderá ser mantida no novo cenário, segundo o art. 169, § 1º do NCPC. Será exigida atuação *pro bono* de pessoas jurídicas: se uma câmara privada se cadastrar para atuar mediante remuneração, deverá suportar certo percentual de atuações gratuitas como contrapartida de seu credenciamento; tal montante será determinado pelo tribunal (art. 169, § 2º). A Lei de Mediação não menciona o trabalho voluntário: no art. 13 ela pontua que a remuneração de mediadores será fixada pelos tribunais e custeada pelas partes.

282

Ao ser nomeado, o mediador/conciliador poderá desde logo identificar ser impedido para atuar no feito; as causas de impedimento constam no art. 144 do NCPC e são aplicáveis aos auxiliares da justiça (art. 148, II). Ao identificar a impossibilidade de atuar, o facilitador deverá informar o fato ao magistrado ou ao coordenador do setor consensual para que este realize a distribuição do feito a outro conciliador/mediador (art. 170). Se a identificação do impedimento se verificar durante o procedimento, este será interrompido (art. 170, parágrafo único). Caso verifique fato que inviabilize, ainda que temporariamente, sua atuação, o conciliador / mediador deve informar o fato ao centro de solução de conflitos para evitar inúteis distribuições em sua direção (art. 171). Na mesma linha, consta na Lei 13.140/2015 aplicáveis ao mediador as hipóteses legais de impedimento e suspeição do juiz; a pessoa designada para atuar como mediador tem o dever de revelar às partes, antes da aceitação da função, qualquer fato ou circunstância que possa suscitar dúvida justificada quanto à sua imparcialidade para mediar o conflito, oportunidade em que poderá ser recusada por qualquer delas (art. 5º, parágrafo único).

283

Há "quarentena" para mediadores e conciliadores judiciais: em até um ano contado da última sessão consensual em que atuaram, eles não poderão ser contratados como assessores, representantes ou patronos de qualquer dos litigantes (NCPC, art. 172; Lei 13.140/2015, art. 6º). A previsão é bastante questionável e tende a afugentar do cenário judicial os bons facilitadores que rechacem tais significativas restrições. Não se deve presumir a má-fé. O mediador, o conciliador e a câmara zelam por sua reputação, assim como o árbitro nomeado pelas partes o faz. Há ainda eiva de inconstitucionalidade por conta de reserva de lei sobre a matéria: como a temática aborda aspecto ligado à liberdade profissional (CF, art. 5º, XIII), configura caso de reserva legal qualificada. Para vigorar legitimamente a restritiva quarentena proposta, será necessária sua previsão em regramento específico, já que à OAB foi reconhecida a prerrogativa de autorregulação (Lei 8.906/1994, art. 54).

284

O art. 173 do NCPC prevê regras para a exclusão de conciliadores e mediadores que atuarem indevidamente, mostrando rigor em relação à sua atuação. Ao ponto, vale lembrar que não há semelhante regra no que tange a peritos que atuem indevidamente, sendo o regramento mais brando em relação a estes. Segundo a Lei de Mediação, os tribunais regulamentarão o processo de inscrição e desligamento de seus mediadores (Lei 13.140/2015, art. 12, § 2º).

285

A União, os Estados, o Distrito Federal e os Municípios poderão criar câmaras de mediação e conciliação com atribuições relacionadas à solução consensual de conflitos no âmbito administrativo (NCPC, art. 174; Lei 13.140/2015, art. 32). A efetividade das previsões demandará regulação pelos entes federativos (Lei 13.140/2015, art. 32, § 1º)

TÍTULO V – Do Ministério Público

286

O regramento do Ministério Público no NCPC tem praticamente o mesmo perfil delineado no CPC/1973; suas linhas gerais se encontram entre os arts. 176 a 181.

287

De modo coerente com o ordenamento, afirma-se que o Ministério Público atuará na defesa da ordem jurídica, do regime democrático e dos interesses e direitos sociais e individuais indisponíveis (art. 176); assevera-se também que o MP exercerá o direito de ação em conformidade com suas atribuições constitucionais (art. 177).

288

O MP passa a ser reconhecido não mais apenas como fiscal da lei, mas sim da ordem jurídica; como tal, ele deverá intimado para, no prazo de 30 (trinta) dias, intervir nas hipóteses previstas em lei ou na Constituição Federal e nos processos que envolvam: I – interesse público ou social; II – interesse de incapaz; III – litígios coletivos pela posse de terra rural ou urbana (art. 178). O parágrafo único do dispositivo esclarece que a participação da Fazenda Pública não configura, por si só, hipótese de intervenção do Ministério Público.

289

Em relação ao CPC/1973, vale destacar a supressão do inciso que apontava a necessidade de atuação do MP em todas as causas envolvendo direito de família (nas causas concernentes ao estado da pessoa, pátrio poder, tutela, curatela, interdição, casamento, declaração de ausência e disposições de última vontade). Assim, em linha com o que o MP já vinha adotando na prática, houve uma diminuição de sua atuação em causas que interessem apenas às partes (lembrando que, se houver interesse de menor, haverá sim a atuação do MP – art. 178, I, do NCPC).

290

O MP segue tendo importantes prerrogativas para atuar em juízo: ele contará com prazo em dobro para se manifestar nos autos, lapso que terá início a partir de sua intimação pessoal (art. 180). Caso findo tal prazo sem oferta de parecer, o juiz requisitará os autos e dará andamento ao processo (art. 180, § 1º). Por fim, esclarece a lei que não se aplica o benefício da contagem em dobro quando a lei estabelecer, de forma expressa, prazo próprio para o Ministério Público (§ 2º).

TÍTULO VI – Da Advocacia Pública

291

Inova o NCPC ao trazer um título específico para a advocacia pública (além da previsão dos honorários para o advogado público – art. 85, § 19). Porém, a rigor, não há nenhuma efetiva inovação nos artigos que tratam do tema, mas sim a reunião de dispositivos que antes estavam esparsos.

292

Aponta o art. 182 do NCPC que os advogados públicos defendem e promovem “os interesses públicos da União, dos Estados, do Distrito Federal e dos Municípios” e “das pessoas jurídicas de direito público que integram a administração direta e indireta”.

293

Tal qual previsto no CPC/1973, o art. 183 destaca que “União, os Estados, o Distrito Federal, os Municípios e suas respectivas autarquias e fundações de direito público” terão prazo em dobro para todas as suas manifestações processuais.

294

Assim, ficam excluídos do prazo em dobro as empresas públicas (por terem natureza jurídica de direito privado e não de direito público, como os entes mencionados no art. 183).

295

Destaca ainda o art. 183 a necessidade de intimação pessoal do advogado público, tendo início a contagem do prazo a partir desse momento. Nos termos do § 1°, a intimação pessoal ocorre por meio de "carga, remessa ou meio eletrônico".

296

Contudo, não há prazo em dobro quando a lei estabelecer, de forma expressa, prazo próprio para o ente público (art. 183, § 2°). Isso se verifica, por exemplo, no Juizado Especial Federal ou no Juizado da Fazenda Pública Estadual (em que os prazos ali previstos, portanto, não são contados em dobro).

297

O advogado público (também denominado de procurador), se agir com dolo ou fraude, será civil e regressivamente responsável pelos danos decorrentes de seus atos (art. 184).

TÍTULO VII – Da Defensoria Pública

298

Também o NCPC traz um título específico para a Defensoria Pública – que, por certo, deve ser lido em conjunto com as leis orgânicas da Defensoria (no âmbito federal, a LC 80/1994 – que também dá as bases para as Defensorias estaduais).

299

O art. 185 repete a previsão constitucional e destaca que a Defensoria será responsável pela "orientação jurídica, a promoção dos direitos humanos e a defesa dos direitos individuais e coletivos dos necessitados".

300

A Defensoria, como a Fazenda Pública e o MP, terá prazo em dobro "para todas as suas manifestações processuais" (art. 186), tendo início o prazo a partir da intimação pessoal do defensor público (igual ao que ocorre quanto ao advogado público – por meio de "carga, remessa ou meio eletrônico", conforme art. 183, § 1°).

301

Inova o NCPC ao determinar ser possível, a requerimento do defensor que atua na causa, a intimação pessoal da parte (e não da Defensoria, pela imprensa), quando o "o ato processual depender de providência ou informação que somente por ela possa ser realizada ou prestada" (art. 186, § 2°). A inovação é boa especialmente considerando a realidade, em que muitas vezes o defensor não tem contato fácil como assistido. Como exemplo dessa situação, a intimação no cumprimento de sentença, para pagar sob pena de multa (art. 523 do NCPC).

302

Outra importante inovação é a previsão de prazo em dobro também para (i) os escritórios das Faculdades de Direito que prestem assistência jurídica gratuita e (ii) outras entidades prestadoras de assistência jurídica gratuita conveniadas com a Defensoria (art. 186, § 3º). Esse era um pleito comum dos escritórios das faculdades, e haviam poucos precedentes admitindo isso (como exemplo, REsp 1106213/SP, *DJe* 07.11.2011, com o deferimento do prazo em dobro para o Departamento Jurídico XI de Agosto, da Faculdade de Direito da USP).

303

Contudo, se legislação estabelecer, de forma expressa, prazo específico para a Defensoria, então não haverá a prerrogativa do prazo em dobro (art. 186, § 4º).

304

O defensor, se agir com dolo ou fraude, será civil e regressivamente responsável pelos danos decorrentes de seus atos (art. 187).

LIVRO IV – DOS ATOS PROCESSUAIS

TÍTULO I – Da Forma, do Tempo e do Lugar dos Atos Processuais

CAPÍTULO I – Da Forma dos Atos Processuais

305

Tal qual no Código anterior, o NCPC prevê o princípio da liberdade das formas (art. 188: os atos processuais independem de forma determinada, salvo quando a lei a exigir) e instrumentalidade das formas (art. 188, parte final: são válidos os atos que, realizados de outro modo, preencham a finalidade essencial).

306

Reafirmando o princípio da publicidade (art. 8º do NCPC), o art. 189 destaca que os atos processuais são públicos. Porém, tal qual no sistema anterior, há processos que tramitam em segredo de justiça:

(i) quando o "interesse público ou social" assim exigirem;

(ii) nas causas de direito de família (casamento, separação de corpos, divórcio, separação, união estável, filiação, alimentos e guarda de crianças e adolescentes);

(iii) em processos nos quais constem dados protegidos pelo direito constitucional à intimidade;

(iv) relativos à arbitragem e cumprimento de carta arbitral – desde que haja confidencialidade comprovada em juízo.

307

Eis inovação do NCPC: mesmo nos processos que tramitam em segredo de justiça, o terceiro que demonstra interesse jurídico na causa pode requerer ao juiz "certidão do dispositivo da sentença", e da partilha de bens decorrentes de divórcio ou separação (art. 189, § 2º).

Negócio Jurídico Processual (NJP) e Calendário

308

Uma das grandes inovações do NCPC é previsão do negócio jurídico processual. A previsão retrata a valorização da autonomia privada e do consenso, permitindo uma atuação advocatícia diferenciada na definição dos rumos do procedimento judicial.

309

Versando o processo sobre direitos que admitam autocomposição, é lícito às partes plenamente capazes estipular mudanças no procedimento para ajustá-lo às especificidades da causa e convencionar sobre seus ônus, poderes, faculdades e deveres processuais, antes ou durante o processo (art. 190).

310

Ou seja, as partes poderão, de comum acordo, alterar o procedimento para o julgamento de sua causa. Isso poderá ser estipulado em contrato (antes de surgir o litígio) ou mesmo posteriormente (após o surgimento do conflito). Resta saber (i) se O NJP será efetivamente utilizado pelos advogados e (ii) se os juízes acolherão tudo aquilo que for definido pelos advogados.

311

O juiz, de ofício ou a requerimento, controlará a validade das convenções sobre procedimento, recusando-lhes aplicação em casos de nulidade, inserção abusiva em contrato de adesão ou situações em que uma parte se encontre em manifesta situação de vulnerabilidade (art. 190, parágrafo único).

312

Nos termos do exposto na dica anterior, resta verificar quais serão os limites de "nulidade" que o juiz aplicará. Fica claro, desde já, que será muito difícil a aceitação do negócio jurídico processual, pelo Poder Judiciário, em contrato de consumo e/ou que envolva parte hipossuficiente.

313

Outra inovação está no art. 191, que trata do "calendário processual". As partes e o juiz podem, de comum acordo, fixar calendário para a prática de atos processuais, quando for o caso; tal calendário vincula as partes e o juiz, e os prazos nele previstos somente serão modificados em casos excepcionais e devidamente justificados (art. 191, § 1º).

314

Considera-se dispensada a intimação das partes para a prática de ato processual ou a realização de audiência cujas datas tiverem sido designadas no calendário (art. 191, § 2º).

315

Exatamente como em relação ao NJP, resta verificar como será a aceitação das partes e magistrados em relação ao calendário processual.

316

Outro ponto que foi objeto de grande debate no processo legislativo foi a abordagem do NCPC sobre a prática eletrônica de atos processuais. Contrariando expectativas, acabou sendo tímida a abordagem no novo cenário normativo, havendo poucas regras sobre o tema.

317

Os atos processuais podem ser totais ou parcialmente digitais, de forma a permitir que sejam produzidos, comunicados, armazenados e validados por meio eletrônico, na forma da lei (art. 193); rege o tema a Lei 11.419/2006.

318

Os sistemas de automação processual respeitarão a publicidade dos atos, o acesso e a participação das partes e de seus procuradores, inclusive em audiências e sessões de julgamento, observadas as garantias da disponibilidade, independência da plataforma computacional, acessibilidade e interoperabilidade dos sistemas, serviços, dados e informações que o Poder Judiciário administre no exercício de suas funções (art. 194).

319

Compete ao CNJ e, supletivamente, aos tribunais, regulamentar a prática e a comunicação oficial de atos processuais por meio eletrônico e velar pela compatibilidade dos sistemas, disciplinando a incorporação progressiva de novos avanços tecnológicos e editando, para esse fim, os atos necessários, respeitadas as normas fundamentais do CPC (art. 196).

320

Os tribunais divulgarão as informações constantes de seu sistema de automação em página própria na rede mundial de computadores, gozando a divulgação de presunção de veracidade e confiabilidade; caso haja problema técnico do sistema e erro ou omissão do auxiliar da justiça responsável pelo registro dos andamentos, poderá ser configurada justa causa (art. 197).

321

As unidades do Poder Judiciário deverão manter gratuitamente, à disposição dos interessados, equipamentos necessários à prática de atos processuais e à consulta e ao acesso ao sistema e aos documentos dele constantes; caso não haja tal disponibilização, será admitida no local a prática de atos por meio não eletrônico (art. 198, parágrafo único).

322

As unidades do Poder Judiciário assegurarão às pessoas com deficiência acessibilidade aos seus sítios na rede mundial de computadores, ao meio eletrônico de prática de atos judiciais, à comunicação eletrônica dos atos processuais e à assinatura eletrônica (art. 199).

323

O NCPC traz algumas mudanças na abordagem dos atos decisórios, buscando clarificar seu conceito e evitar situações duvidosas.

324

A sentença é definida como o pronunciamento pelo qual o juiz, com ou sem resolução de mérito, finda a fase cognitiva do procedimento comum ou extingue a execução (art. 203, § 1º).

325

A decisão interlocutória é considerada todo pronunciamento judicial de natureza decisória que não se enquadra na definição de sentença (art. 203, § 2º).

CAPÍTULO II – Do Tempo e do Lugar dos Atos Processuais

326

Como no sistema anterior, os atos processuais devem ser realizados nos dias úteis, das 6h às 20h (art. 212). Mas, diferentemente do CPC/1973, não há necessidade de autorização do juiz para realizar as citações, intimações e penhoras "no período de férias forenses, onde as houver, e nos feriados ou dias úteis fora do horário estabelecido neste artigo" (art. 212, § 2º). Porém – como não poderia deixar de ser, deve ser respeitada a inviolabilidade do domicílio à noite (CF, art. 5º, XI).

327

São feriados, além dos declarados em lei, "os sábados, os domingos e os dias em que não haja expediente forense" (art. 216).

328

Se o processo não for eletrônico, a petição deverá "ser protocolada no horário de funcionamento do fórum ou tribunal" (art. 212, § 3º).

329

Sendo processo eletrônico, o ato pode ser realizado a qualquer hora do dia (art. 213).

CAPÍTULO III – Dos Prazos

330

Se o prazo não estiver previsto em lei, o juiz determinará em quanto tempo deverá ser realizado determinado ato processual, levando em conta a "complexidade do ato" (art. 218, § 1º). Se o juiz não determinar prazo, este será de 5 dias (§ 3º).

331

Acabando com um dos aspectos da "jurisprudência defensiva", o NCPC prevê que o ato praticado antes do início do prazo será tempestivo (art. 218, § 4º). Ou seja, o advogado pode recorrer antes da publicação da decisão, sem risco de que se fale em intempestividade.

332

A contagem de prazos teve mudanças significativas no cenário processual. Em grandes vitórias da advocacia: (i) na contagem de prazo em dias, estabelecido por lei ou pelo juiz, apenas os dias úteis serão computados e (ii) haverá suspensão de curso do prazo entre 20 de dezembro e 20 de janeiro e não poderão ocorrer audiências – exatamente para que o advogado possa usufruir alguns dias de descanso e férias (arts. 219 e 220).

333

Porém, a contagem de prazos em dias úteis somente se aplica aos prazos processuais (art. 219, parágrafo único) e, portanto, não aos prazos de direito material (como, por exemplo, a prescrição). Isso gera algumas dúvidas importantes. Por exemplo: o pagamento em 15 dias, no cumprimento de sentença (art. 523), é prazo processual ou material? A doutrina está dividida, bem como os autores desta obra.

334

Apesar de prazos suspensos entre 20 de dezembro e 20 de janeiro, o Poder Judiciário deverá seguir em funcionamento (art. 220, §§ 1º e 2º).

335

A forma de contagem de prazo (disponibilização no diário oficial, depois publicação, exclusão do dia do início e inclusão do dia do término) segue a mesma prevista no CPC/1973 (art. 224 do NCPC) – salvo pela não contagem nos dias úteis (art. 219).

336

Também há previsão de prazos para magistrados e auxiliares. O juiz proferirá: despachos em até 5 dias; decisões interlocutórias em 10 dias e sentenças em 30 dias (art. 226).

337

Em qualquer grau de jurisdição, havendo motivo justificado, o juiz pode exceder, por igual tempo, os prazos a que está submetido (art. 227).

338

Incumbirá ao serventuário remeter os autos conclusos no prazo de 1 dia e executar os atos processuais no prazo de 5 dias, contado da data em que: I – houver concluído o ato processual anterior, se lhe foi imposto pela lei; II – tiver ciência da ordem, quando determinada pelo juiz (art. 228).

339

É mantida a previsão de prazo em dobro para litisconsortes com advogados distintos (art. 229). A novidade é a menção do NCPC quanto ao prazo em dobro para todas as manifestações e "em qualquer juízo ou tribunal, independentemente de requerimento".

340

Contudo, não se aplica a regra do prazo em dobro nos processos eletrônicos.

TÍTULO II – Da Comunicação dos Atos Processuais

CAPÍTULO I – Disposições Gerais

341

O NCPC prevê a existência de 4 cartas (art. 237). Três já existentes no sistema anterior: carta precatória (realização de atos entre comarcas distintas), carta rogatória (realização de atos entre países distintos), carta de ordem (realização de atos entre graus de jurisdição distintos – do tribunal para o 1º grau, por exemplo). E uma novidade: carta arbitral (realização de atos entre órgão do Poder Judiciário e juízo arbitral).

342

Para fins de carta de ordem de tribunal superior ou precatória oriunda da Justiça Federal, se na comarca de destino não houver vara federal, a carta poderá ser dirigida ao juízo estadual da respectiva comarca (art. 237, parágrafo único).

CAPÍTULO II – Da Citação

343

Se houver sentença de mérito favorável ao réu que transitar em julgado antes da citação, deverá o escrivão comunicar o resultado do julgamento ao réu (NCPC, art. 241).

344

Há expressa previsão quanto à forma de citação da União, Estados, DF, dos Municípios e de suas respectivas autarquias e fundações de direito público: o ato citatório deverá ser realizado perante o órgão de Advocacia Pública responsável pela representação judicial de tais entes (art. 242, § 3º). Será possível, também, o recebimento de citações por meio eletrônico (vide art. 246, § 2º).

345

A citação poderá ser feita por 5 formas: correio, oficial de justiça, escrivão, edital ou meio eletrônico (art. 246).

346

A citação por escrivão ou chefe de secretaria ocorrerá se o citando comparecer em cartório (art. 246, III).

347

Importante inovação diz respeito à forma de citação das empresas. Com exceção de microempresas e empresas de pequeno porte, as empresas públicas e privadas deverão manter cadastro nos sistemas de processo em autos eletrônicos, para efeito de recebimento de citações e intimações, que serão efetuadas preferencialmente por esse meio (art. 246, § 1º).

348

Confirmando entendimento jurisprudencial, prevê o NCPC que na ação de usucapião de imóvel os confinantes serão citados pessoalmente; tal citação, porém, será dispensada quando a demanda tiver por objeto unidade autônoma (art. 246, § 3º).

349

A citação por correio será a regra, salvo nas ações de estado, quando o citando for incapaz, pessoa de direito público ou residir em local não atingido pelo serviço postal (art. 247, I, II, III e IV).

350

Também será possível não se realizar a citação por correio se o autor, desde a petição inicial, requerer, de forma justificada, que ela seja feita de outra forma (art. 247, V).

351

Se a citação for para pessoa jurídica, será válido o ato se a carta for entregue (i) a pessoa com poderes de gerência ou (ii) a funcionário responsável pelo recebimento de correspondências. Ou seja, a entrega para o porteiro, aceita pela jurisprudência, passa a ser prevista também no NCPC.

352

Inovando no sistema e de forma distinta do decidido pela jurisprudência do STJ, o NCPC prevê especificamente a citação de pessoas físicas em condomínios edilícios ou loteamentos com controle de acesso. Nesses casos, a carta de citação poderá ser entregue a funcionário da portaria responsável pelo recebimento de correspondência e será válida. Porém, o porteiro poderá negar-se a recebê-la se declarar, por escrito e sob as penas da lei, que o destinatário da correspondência está ausente (art. 248, § 4º).

353

Muda o número de diligências necessárias à citação por hora certa: quando, por duas vezes, o oficial de justiça tiver procurado o citando em seu domicílio ou residência sem o encontrar, deverá, havendo suspeita de ocultação, intimar qualquer pessoa da família ou, em sua falta, qualquer vizinho de que, no dia útil imediato, voltará a fim de efetuar a citação na hora que designar (art. 252).

354

Na citação por hora certa referente a moradores de condomínios edilícios ou loteamentos com controle de acesso, será válida a intimação feita a funcionário da portaria responsável pelo recebimento de correspondência (art. 252, parágrafo único).

355

A citação por edital será feita (art. 256): (i) quando desconhecido ou incerto o citando; (ii) quando ignorado, incerto ou inacessível o lugar em que se encontrar o citando e (iii) nos demais casos expressos em lei (vide art. 259, por exemplo).

356

Para fins de citação por edital, considera-se também inacessível o país que recusar o cumprimento de carta rogatória (art. 256, § 1º).

357

Para fins de citação por edital, o citando será considerado em local ignorado ou incerto quando infrutíferas as tentativas de localização do réu. E isso ocorre inclusive mediante requisição pelo juízo de informações sobre seu endereço nos cadastros de órgãos públicos ou de concessionárias de serviços públicos (art. 256, § 3º).

358

Importante inovação é a publicação do edital na internet e não mais em jornal. Tanto na página do próprio tribunal, quanto na plataforma de editais do CNJ (art. 257, II).

359

Apesar dessa previsão de publicação do edital na internet, poderá o juiz, conforme as peculiaridades da comarca, determinar a publicação do edital também em "jornal local de ampla circulação" ou "outros meios" (art. 257, parágrafo único).

360

A parte que requerer citação por edital, alegando dolosamente a ocorrência das circunstâncias autorizadoras para sua realização, incorrerá em multa de 5 (cinco) vezes o salário mínimo (art. 258).

361

Aponta o Código ser necessária a publicação de editais em três hipóteses: I – na ação de usucapião de imóvel; II – nas ações de recuperação ou substituição de título ao portador; III – em qualquer ação em que seja necessária, por determinação legal, a provocação, para participação no processo, de interessados incertos ou desconhecidos (art. 259).

CAPÍTULO III – Das Cartas

362

As cartas (precatória, rogatória, de ordem e arbitral) devem ser preferencialmente expedidas por meio eletrônico (art. 263).

363

As cartas têm caráter itinerante, ou seja, podem ser encaminhadas a outro juízo, para se praticar o ato. Assim, mesmo no caso de incompetência absoluta, o juiz deprecado poderá remeter a carta ao órgão jurisdicional competente (arts. 262 e 267, parágrafo único).

CAPÍTULO IV – Das Intimações

364

Uma novidade significativa é o reconhecimento da postura protagonista do advogado em termos de intimação; a exemplo de modelos normativos estrangeiros, o NCPC permite que ele cientifique outro (s) causídico (s). É facultado aos advogados promover a intimação do advogado da outra parte por meio do correio, juntando aos autos, a seguir, cópia do ofício de intimação e do aviso de recebimento; o ofício de intimação deverá ser instruído com cópia do despacho, da decisão ou da sentença (art. 269, § § 1° e 2°).

365

Esse mecanismo de intimação pelo advogado também poderá ser utilizado em relação ao Estado – devendo a intimação ser realizada perante o órgão de Advocacia Pública responsável pela representação judicial do respectivo ente (art. 269, § 3°).

366

Sempre que possível (ou seja, se já houver tecnologia nesse sentido), as intimações serão realizadas por meio eletrônico (art. 270).

367

Além de seguir existindo a intimação em nome do advogado, será possível requerer a intimação em nome da sociedade de advogados inscrita na OAB – seja em conjunto com o nome do advogado, seja apenas em nome da sociedade (art. 272, §§ 1° e 2°).

368

Conforme jurisprudência sedimentada do STJ no sistema anterior, se houver requerimento expresso para publicação em nome de determinado profissional, as intimações deverão trazer o nome desse patrono, sob pena de nulidade (art. 272, § 5°).

TÍTULO III – Das Nulidades

369

Em relação às nulidades, há repetição de grande parte dos dispositivos do CPC/1973.

370

Assim, dentre outras, são repetidas as seguintes regras: (i) não cabe à parte alegar a nulidade que deu causa (ou seja, não pode alegar a própria torpeza – NCPC, art. 276); (ii) se o ato for realizado de determinada forma não prevista em lei, mas a sua finalidade for alcançada, não há nulidade (art. 278); (iii) somente há repetição se houver prejuízo (art. 282, § 1º).

371

Inovação importante diz respeito à hipótese em que o MP não for ouvido, quando essa providência for necessária (art. 178). Somente será decretada a nulidade após oitiva do MP – que poderá afirmar que a ausência de sua manifestação não causou prejuízo (art. 279, § 2º).

TÍTULO IV – Da Distribuição e do Registro

372

Todos os processos serão distribuídos (onde houver mais de um juiz) ou, no mínimo, registrados (art. 284). A lista de distribuição (ou de registro) deverá ser publicada no Diário Oficial (art. 285, parágrafo único).

373

No caso de intervenção de terceiros, reconvenção ou qualquer outra hipótese de ampliação do processo, deverá o juiz determinar a anotação dessa informação pelo distribuidor (art. 286, parágrafo único). Isso porque assim constará essa informação de eventual certidão negativa que se peça (reflexos, inclusive, em relação à configuração da fraude à execução – art. 792).

TÍTULO V – Do Valor da Causa

374

Em grande parte, o NCPC repete o CPC/1973 em relação ao valor da causa. Afirma-se que toda causa deve ter um valor (art. 291) e há diversas situações em que o legislador expressamente afirma qual deve ser o valor da causa (art. 292).

375

Inova o NCPC ao afirmar que o valor da causa, na ação indenizatória, deve ser o valor pretendido – inclusive na demanda em que se pleiteie dano moral (art. 292, V). Assim, modificando a jurisprudência formada no sistema anterior, deixa de ser possível pleitear dano moral sem indicar o valor pretendido; ou seja, não há mais possibilidade de se pleitear dano moral como pedido genérico.

376

Outra inovação é a expressa previsão de que o juiz poderá corrigir de ofício o valor da causa (não mais determinando que o autor emende a inicial), inclusive intimando o autor para que recolha as custas faltantes (art. 292, § 3º).

377

Há importante modificação na forma de o réu impugnar o valor da causa. Deixa de existir a peça específica para isso (a antiga impugnação) e passa a ser cabível a discussão do tema em preliminar de contestação (art. 293).

LIVRO V – DA TUTELA PROVISÓRIA

TÍTULO I – Disposições Gerais

378

Talvez uma das principais modificações do NCPC, o novo sistema muda consideravelmente o panorama do CPC/1973. Antes, tutela antecipada e processo cautelar eram tratados em livros separadas e eram requeridos de maneiras distintas (nos mesmos autos e em autos apartados, respectivamente). Agora, ainda que haja distinção entre as duas, ambas as formas de se tutelar a urgência estão no mesmo livro e com formas de se requerer bem semelhantes.

379

Apesar disso, o sistema não está totalmente claro, existindo diversos pontos de dúvida, que somente serão solucionadas com reforma legislativa ou após a manifestação final do STJ.

380

Sob a denominação "tutela provisória" o NCPC reuniu o regramento referente à tutela de urgência e à tutela de evidência.

381

Nas disposições gerais do regramento, consta que a "tutela provisória pode ter por fundamento urgência ou evidência" (art. 294).

382

Assim, tutela provisória é gênero, dentro do qual existem duas espécies: tutela de urgência e tutela de evidência. De seu turno, a espécie tutela de urgência se divide em duas subespécies: tutela de urgência cautelar e tutela de urgência antecipada (art. 294, parágrafo único).

383

A tutela de urgência (qualquer delas) poderá ser requerida em caráter antecedente ou incidental (art. 294, parágrafo único). No caso da concessão em caráter antecedente, teremos algo semelhante com a antiga cautelar preparatória – mas sem se falar em processo em apartado – e não haverá necessidade de custas (art. 295).

384

Em relação à tutela de urgência incidental, o procedimento passa a ser bem simples: em processo que já tramita, basta apresentar uma petição apontando os requisitos e requerendo uma medida de urgência. Sem custas, cópias de autos ou qualquer outra formalidade. Porém, em relação à tutela de urgência antecedente, a situação é mais complexa (*vide* abaixo).

385

O juiz poderá determinar as medidas que considerar adequadas para efetivar a tutela provisória, que observará, no que couber, as normas referentes ao cumprimento provisório da sentença (art. 297, *caput* e parágrafo único).

386

Na decisão que conceder, negar, modificar ou revogar a tutela provisória o juiz motivará seu convencimento de modo claro e preciso (art. 298).

TÍTULO II – Da Tutela de Urgência

CAPÍTULO I – Disposições Gerais

387

São requisitos da tutela de urgência: a) elementos que evidenciem a probabilidade do direito; b) perigo de dano ou risco ao resultado útil do processo (art. 300). Assim, tem-se uma coincidência de requisitos entre a cautelar e a antecipação de tutela (subespécies da espécie tutela de urgência, como já visto).

388

Para deferir a tutela de urgência o juiz *poderá*, conforme o caso, exigir caução real ou fidejussória idônea para ressarcir danos que a outra parte possa vir a sofrer, podendo a caução ser dispensada se a parte economicamente hipossuficiente não puder oferecê-la (art. 300, § 1º).

389

A concessão da tutela de urgência *poderá* se verificar liminarmente ou após justificação prévia (art. 300, § 2º).

390

A tutela de urgência cautelar pode ser efetivada mediante arresto, sequestro, arrolamento de bens, registro de protesto contra alienação de bem e qualquer outra medida idônea para asseguração do direito (art. 301).

391

Essa é a única menção às antigas cautelares nominadas do CPC/1973. Assim, há ausência de regulamentação dessas medidas – que poderão seguir sendo utilizadas (especialmente arresto e sequestro, muito utilizadas no cotidiano forense). Porém, o procedimento será bem aberto, cabendo ao juiz decidir não só o mérito, mas também a forma de tramitação (a tendência, ao menos no início da vigência do NCPC, será seguir aplicando os requisitos e procedimentos previstos no CPC/1973 – vide arts. 813 e ss. do anterior Código).

CAPÍTULO II – Do Procedimento da Tutela Antecipada Requerida em Caráter Antecedente

392

A tutela antecipada antecedente vem prevista expressamente: nos casos em que a urgência for contemporânea à propositura da ação. Nesses casos, a petição inicial pode limitar-se ao requerimento da tutela antecipada e à indicação do pedido de tutela final com a exposição da lide, do direito que se busca realizar e do perigo de dano ou risco ao resultado útil do processo (art. 303).

393

Uma vez concedida a tutela antecipada antecedente, o autor deverá aditar a petição inicial para complementar sua argumentação, juntar novos documentos e confirmar o pedido de tutela final, em 15 dias ou outro prazo maior que o juiz fixar (art. 303, § 1º). Se o autor não aditar a petição inicial para elaborar o pedido principal, haverá a extinção do processo sem resolução do mérito (art. 303, § 2º).

394

O réu será citado e intimado para a audiência de conciliação ou mediação; não havendo autocomposição, o prazo para contestação terá início (art. 303, II e III).

395

A tutela antecipada concedida se tornará estável se da decisão que a conceder não for interposto recurso (art. 304). Já debate a doutrina se a menção a "recurso" deve ser entendida como o uso do agravo ou se é possível se interpretar que seria qualquer impugnação à decisão judicial concessiva da antecipação de tutela – inclusive a própria contestação. Por cautela, até que haja a definição do tema pelo STJ, o mais seguro é interpretar "recursos" exatamente da forma técnica que consta no NCPC (ou seja, embargos de declaração e/ou agravo de instrumento).

396

Uma vez estabilizada a antecipação de tutela, o processo será extinto e qualquer das partes poderá demandar a outra para rever, reformar ou invalidar a tutela antecipada estabilizada em até 2 anos contados da ciência da decisão extintiva (art. 304, §§ 1º, 2º e 5º).

397

Há incongruência entre o arts. 303 e 304, em relação à estabilização da antecipação de tutela. Isso porque o art. 303, § 2º destaca que, não realizado o aditamento, o processo será extinto; mas só há estabilização se não houver recurso do réu *e aditamento do autor* (art. 304, § 1º). Assim, o tema já é polêmico. Uma possível interpretação é entender que, não havendo recurso do réu, poderá o autor optar por não aditar e, assim, ter a decisão de antecipação de tutela estabilizada. E, quanto ao pedido principal, seria necessário ingressar com nova medida judicial.

398

Exemplificando: inscrição indevida em cadastro restritivo de crédito. Tutela provisória de urgência antecipada requerida de forma antecedente (apenas a exclusão de cadastro restritiva), apontando como futuro pedido principal indenização por danos morais. Tutela deferida, réu não agrava. Possibilidades: (i) réu agrava, não há estabilização da tutela antecipada; (ii) réu agrava e autor adita a inicial, pleiteando danos morais: não há estabilização da tutela antecipada; (iii) réu agrava e autor não adita a inicial: estabilização da tutela antecipada e extinção do processo (art. 304, § 1º). Se o autor quiser pleitear danos morais, nova demanda.

399

A tutela antecipada conservará seus efeitos enquanto não revista, reformada ou invalidada por decisão de mérito (art. 304, § 3º);

400

A decisão que concede a tutela não fará coisa julgada, mas a estabilidade de seus efeitos só será afastada por decisão que a revir, reformar ou invalidar, proferida em ação ajuizada por uma das partes (art. 304, § 6º). Assim, no exemplo acima exposto, se o réu quiser debater a tutela antecipada estabilizada, não o fará via rescisória no tribunal, mas sim por nova demanda em 1º grau – cujo prazo será de 2 anos (art. 304, § 5º).

401

Mas se o juiz entender que não existem elementos para a concessão da tutela, determinará a emenda da petição inicial em até 5 dias, sob pena de ser indeferida e de o processo ser extinto sem resolução de mérito (art. 303, § 6º).

CAPÍTULO III – Do Procedimento da Tutela Cautelar Requerida em Caráter Antecedente

402

Há previsão também sobre a tutela cautelar antecedente: a petição inicial da ação que a pretender indicará a lide e seu fundamento, a exposição sumária do direito que visa assegurar e o perigo de dano ou risco ao resultado útil do processo (art. 305).

403

Se o autor assim quiser, o pedido principal pode ser formulado juntamente com o pedido de tutela cautelar (art. 308, § 1º)

404

Caso entenda que o pedido a que se refere tem natureza antecipada, o juiz observará o regramento relativo a esta (art. 305, parágrafo único). Frise-se que não há artigo específico nesse sentido, em relação à antecipação de tutela (possibilidade de o juiz receber a antecipação de tutela como cautelar).

405

O réu será citado para contestar em 5 dias (art. 306).

406

Efetivada a tutela cautelar, o pedido principal terá de ser formulado pelo autor no prazo de 30 dias, caso em que será apresentado nos mesmos autos em que já deduzido o pedido cautelar (art. 308). O adiantamento não demandará novas custas processuais (art. 308) e será possível aditar a causa de pedir (art. 308, *caput* e § 2º).

407

Apresentado o pedido principal, as partes serão intimadas para a audiência de conciliação ou mediação; não havendo autocomposição, o prazo para contestação terá fluência (art. 308, § 3º).

408

Como se percebe, não está simples a regulamentação da tutela de urgência antecedente. Para evitar maiores dificuldades, o melhor é atuar de forma conservadora, de modo a evitar prejuízos no caso concreto, por questões processuais.

TÍTULO III – Da Tutela da Evidência

409

Com essa nomenclatura, trata-se de uma novidade na legislação. Mas alguns já sustentavam que essa possibilidade já existia no CPC/1973 (principalmente considerando o art. 273, § 6º). A ideia é que se está de um direito evidente; assim, cabe uma tutela provisória, ainda que não exista urgência. Por exemplo, ainda que não haja uma situação de perigo grave, a tese debatida é tão firme que já consta de súmula vinculante; nesse caso, prevê o NCPC, o autor não deve aguardar o término do processo para usufruir o seu pedido.

410

A tutela da evidência será concedida, independentemente da demonstração de perigo de dano ou de risco ao resultado útil do processo, quando: I – ficar caracterizado abuso do direito de defesa ou manifesto propósito protelatório da parte; II – as alegações de fato puderem ser comprovadas apenas documentalmente e houver tese firmada em julgamento de casos repetitivos ou súmula vinculante; III – se tratar de pedido reipersecutório fundado em prova documental adequada do contrato de depósito, caso em que será decretada a ordem de entrega do objeto custodiado sob cominação de multa; IV – a petição inicial for instruída com prova documental suficiente dos fatos constitutivos do direito do autor, a que o réu não oponha prova capaz de gerar dúvida razoável (art. 311).

LIVRO VI – FORMAÇÃO, SUSPENSÃO E EXTINÇÃO DO PROCESSO

TÍTULO I – Da Formação do Processo

411

Repetindo o CPC/1973, afirma o NCPC que se considera proposta a ação quando a petição inicial for protocolada (art. 312). Porém, para o réu, somente surtem os efeitos após a sua citação (*vide* art. 240 quanto aos efeitos da citação para o réu).

TÍTULO II – Da Suspensão do Processo

412

As hipóteses de suspensão do processo no NCPC (art. 313) são basicamente as mesmas previstas no CPC/1973 (art. 265).

413

Mas há inovações: (i) suspensão quando admitido o incidente de resolução de demandas repetitivas (art. 313, IV) e (ii) quando se discutir em juízo questão decorrente de acidentes e fatos da navegação de competência do Tribunal Marítimo (art. 313, VII).

TÍTULO III – Da Extinção do Processo

414

Termina o NCPC sua parte geral falando de extinção do processo, e que ela se dará por sentença (art. 316). Porém, as hipóteses de sentença com e sem resolução de mérito estão previstas apenas na parte especial (arts. 485 e 487).

415

Em linha com o princípio da cooperação e contraditório, destaca o NCPC que, antes de proferir decisão sem resolução de mérito, o juiz deverá conceder prazo à parte para que, se possível, corrija o vício que acarretaria a extinção.

III. PARTE ESPECIAL

LIVRO I – DO PROCESSO DE CONHECIMENTO E DO CUMPRIMENTO DE SENTENÇA

TÍTULO I – Do Procedimento Comum

CAPÍTULO I – Das Disposições Gerais

416

No CPC/1973, o processo de conhecimento era dividido entre procedimento comum e especial, ao passo que o procedimento comum era subdividido em rito ordinário e sumário. No NCPC, deixa de existir a divisão em ritos – ou seja, não mais existe a distinção entre sumário e ordinário (art. 318).

417

Assim, no NCPC somente existe a divisão entre o procedimento comum (art. 318 e ss.) e os procedimentos especiais (art. 539 e ss.).

418

O procedimento comum (que é o procedimento padrão, o mais amplo e usual), é aplicado de forma subsidiária aos procedimentos especiais e também ao processo de execução (art. 318, parágrafo único).

419

Apesar de ser possível variações, o procedimento comum no NCPC tem a seguinte sequência:

(i) Inicial

(ii) Audiência de conciliação ou mediação

(iii) Contestação (com preliminares e mérito

(iv) Réplica

(v) Saneamento

(vi) Audiência de instrução e julgamento

(vii) Sentença

CAPÍTULO II – Da Petição Inicial

420

O regramento da petição inicial traz alguns aprimoramentos, sem apresentar grandes mudanças. O art. 319 do NCPC traz os requisitos da inicial:

I. o juízo a que é dirigida (endereçamento);

II. os nomes, os prenomes, o estado civil, a existência de união estável, a profissão, o número de inscrição no Cadastro de Pessoas Físicas ou no Cadastro Nacional da Pessoa Jurídica, o endereço eletrônico, o domicílio e a residência do autor e do réu (qualificação);

III. o fato e os fundamentos jurídicos do pedido (causa de pedir);

IV. o pedido com as suas especificações (pedido);

V. o valor da causa;

VI. as provas com que o autor pretende demonstrar a verdade dos fatos alegados (provas);

VII. a opção do autor pela realização ou não de audiência de conciliação ou de mediação (interesse na audiência inaugural).

421

Deixa de ser requisito da inicial o requerimento de citação do réu, previsto no CPC/1973. Mas, claro, se o advogado quiser colocar esse requisito (especialmente para indicar a forma de citação) não haverá qualquer problema.

422

Dentre as inovações, o autor deverá indicar na petição inicial mais dados na qualificação: a existência de união estável e o endereço eletrônico e autor e réu.

423

Caso não disponha dos dados necessários para qualificar de modo completo o réu, o autor poderá, na petição inicial, requerer ao juiz diligências para sua obtenção (art. 319, § 1º).

424

A petição inicial deverá indicar a opção do autor pela realização ou não de audiência de conciliação ou de mediação (art. 319, VII). Recomenda-se que o advogado fundamente tal pedido para que o magistrado possa compreender o histórico das partes na definição sobre ser possível ou não a tentativa de autocomposição.

425

O CPC/1973 apontava que o pedido deveria ser certo *ou* determinado – e a doutrina apontava que esse era um erro, pois deveria ser "e" e não "ou". O NCPC deixa isso claro que o pedido deve ser certo (art. 322) e determinado (art. 324).

426

A certeza do pedido diz respeito ao verbo, à providência jurisdicional. Ou seja, fazer menção, no pedido, a condenar, declarar ou constituir.

427

Ainda que a parte não peça, compreende-se no pedido (art. 322, § 1º):

(i) juros legais (como já constava do CPC/1973);

(ii) correção monetária (não constava do CPC/1973, mas era admitido pela jurisprudência do STJ);

(iii) verbas de sucumbência, ou seja, custas e honorários (como já constava do CPC/1973).

428

Inovando em relação ao Código anterior (que apontava que o pedido deveria ser interpretado de forma restritiva), aponta o NCPC que o pedido vai ser interpretado conforme "o conjunto da postulação e observará o princípio da boa-fé" (art. 322, § 2º). Ou seja, o juiz terá mais margem para interpretar o pedido.

429

A determinação do pedido diz respeito ao complemento, ao bem da vida. Ou seja, ao se pedir a condenação (certeza do pedido), indicar de *quanto* se quer a condenação.

430

Apesar de a regra ser a determinação do pedido, segue o NCPC admitindo a formulação de pedido genérico, em hipóteses específicas (art. 324, § 1º):

I. nas ações universais, se o autor não puder individuar os bens demandados;

II. quando não for possível determinar, desde logo, as consequências do ato ou do fato;

III. quando a determinação do objeto ou do valor da condenação depender de ato que deva ser praticado pelo réu.

431

Tomando posição em relação a uma polêmica doutrinária, o NCPC deixa claro não ser possível o pleito de indenização por dano moral como pedido genérico (algo admitido na jurisprudência do STJ). O NCPC aponta que, na demanda indenizatória, *inclusive a fundada em dano moral*, o valor da causa será a quantia pretendida (art. 292, V).

432

Repete o NCPC a regulamentação anterior quanto ao pedido alternativo, subsidiário e cumulado (arts. 325, 326 e 327).

433

Em relação à modificação do pedido e causa de pedir (art. 329):

(i) até a citação, é livre a alteração pelo autor;

(ii) até o saneamento, é possível a modificação desde que o réu concorde – e será dado a ele prazo de 15 dias para manifestação quanto ao aditamento.

Ou seja, há basicamente repetição do sistema do CPC/1973, com simplificação.

434

As hipóteses de indeferimento da inicial e inépcia estão no art. 330, existindo basicamente repetição em relação ao sistema anterior.

435

Segue existindo a previsão do art. 285-B do CPC/1973 (hipótese de revisão de contratos bancários), agora no art. 330, § 2º: "Nas ações que tenham por objeto a revisão de obrigação decorrente de empréstimo, de financiamento ou de alienação de bens, o autor terá de, sob pena de inépcia, discriminar na petição inicial, dentre as obrigações contratuais, aquelas que pretende controverter, além de quantificar o valor incontroverso do débito". E, nesse caso, o incontroverso terá de continuar a ser pago (§ 3º).

436

Indeferida a petição inicial, cabe apelação, sendo possível ao juiz se retratar (art. 331). Se o juiz se retratar, será determinada a citação do réu, tendo o processo seu trâmite normal. Se não houver a retratação, o réu será citado para apresentar contrarrazões ao recurso (art. 331, § 1º). Por fim, se o autor não recorrer e houver o trânsito em julgado, o réu será intimado do trânsito em julgado (art. 331, § 3º).

CAPÍTULO III – Da Improcedência Liminar do Pedido

437

A improcedência liminar do pedido tem perfil ampliado no NCPC. Nas causas que dispensem a fase probatória, o juiz, independentemente da citação do réu, julgará liminarmente improcedente o pedido que contrariar:

I. enunciado de súmula do STF ou do STJ;

II. acórdão proferido pelo STF ou STJ em julgamento de recursos repetitivos;

III. entendimento firmado em incidente de resolução de demandas repetitivas ou de assunção de competência;

IV. enunciado de súmula de tribunal de justiça sobre direito local; ele também decretará a improcedência se verificar, desde logo, a ocorrência de decadência ou prescrição (art. 332, *caput*, e § 1º). Portanto, diferentemente do art. 285-A do CPC/1973, o critério para a improcedência liminar não é decisão anterior do próprio juízo, mas sim precedente de tribunal.

438

Apelando o autor contra a sentença de improcedência liminar, o juiz poderá se retratar em 5 dias; caso o faça, o processo seguirá; se não, determinará a citação do réu para apresentar contrarrazões em 15 dias (art. 332, §§ 3º e 4º). Não interposta apelação contra a sentença de improcedência liminar, o réu será intimado do trânsito em julgado da sentença (art. 332, § 2º).

CAPÍTULO IV – Da Conversão da Ação Individual em Ação Coletiva

439

O projeto aprovado pelo Congresso previa a possibilidade de conversão de ação individual em coletiva, quando se estivesse diante de uma demanda que pudesse ter um potencial de repetição. Porém, o dispositivo foi vetado (art. 333).

CAPÍTULO V – Da Audiência de Conciliação ou de Mediação

440

Concretizando o incentivo aos meios consensuais, o NCPC prevê a designação de uma sessão inicial de conciliação ou mediação a ser conduzida, onde houver, por conciliador ou mediador (art. 334, § 1º). As previsões do NCPC sobre o tema precisarão ser compatibilizadas com um novo ato normativo: a Lei 13.140, publicada em 29.06.2015, disciplina a mediação entre particulares e a autocomposição de conflitos no âmbito da administração pública. Como sua *vacatio legis* é de 180 dias, ela entrará em vigor em dezembro de 2015 (antes, portanto, do NCPC, que entrou em vigor em março de 2016).

441

Se a petição inicial preencher os devidos requisitos e não for o caso de improcedência liminar, o juiz designará audiência de conciliação ou mediação com antecedência mínima de 30 dias, devendo ser citado o réu pelo menos 20 dias antes (NCPC, art. 334). Na Lei de Mediação há previsão similar: se a petição inicial preencher os requisitos essenciais e não for o caso de improcedência liminar do pedido, o juiz designará audiência de mediação (Lei 13.140/2015, art. 27); não há, porém, menção a prazos de antecedência da citação.

442

Se for preciso poderá haver mais de uma sessão consensual em, no máximo, até 2 meses da data de realização da primeira (NCPC, art. 334, § 2º). A Lei de Mediação também admite a pluralidade de encontros ao prever que "o procedimento de mediação judicial deverá ser concluído em até sessenta dias contados da primeira sessão, salvo quando as partes, de comum acordo, requererem sua prorrogação" (Lei 13.140/2015, art. 28). As previsões são salutares porque a dinâmica consensual demanda a abordagem cuidadosa dos interesses das partes, sendo interessante haver espaço para reflexões e geração de propostas sem açodamento.

443

No regime do NCPC será possível a dispensa da audiência de conciliação ou mediação: I – se ambas as partes manifestarem, expressamente, desinteresse na composição consensual; II – quando não se admitir a autocomposição (art. 334, § 4º). A Lei de Mediação, embora não contemple previsão similar, prevê, dentre seus princípios orientadores, a autonomia da vontade (Lei 13140, art. 2º, V). Por força de tal diretriz, revelando-se contrária à vontade das partes, por força da garantia de celeridade na tramitação processual e da regra de estímulo aos meios consensuais quando possível (NCPC, art. 3º, § 2º), a sessão consensual poderá não ser realizada.

444

O autor deverá indicar, na petição inicial, seu desinteresse na autocomposição, e o réu deverá fazê-lo, por petição, apresentada com 10 dias de antecedência contados da data da audiência (NCPC, art. 334, § 5º). Recomenda-se que haja fundamentação sobre o motivo da resistência para mostrar soar improdutiva, ao menos naquele momento, a tentativa consensual. Vale destacar que não há previsão similar na Lei de Mediação, que é imperativa em relação à realização da sessão consensual.

445

O procedimento da mediação não é objeto de regramento no NCPC, mas sim da Lei de Mediação – que, na Seção III, traz disposições comuns às mediações judicial e extrajudicial. No início da primeira reunião de mediação, e sempre que julgar necessário, o mediador deverá alertar as partes acerca das regras de confidencialidade aplicáveis ao procedimento (Lei 13.140/2015, art. 14). Ainda que haja processo arbitral ou judicial em curso, as partes poderão submeter-se à mediação, caso em que requererão ao juiz ou árbitro a suspensão do processo por prazo suficiente para a solução consensual do litígio (Lei 13.140/2015, art. 14); a suspensão do processo, porém, não obstará a concessão de medidas de urgência pelo juiz ou pelo árbitro (art. 14, § 2º).

446

Considera-se instituída a mediação na data para a qual for marcada a primeira reunião consensual; enquanto transcorrer o procedimento de mediação, ficará suspenso o prazo prescricional (Lei 13.140/2015, art. 17, parágrafo único). Iniciada a mediação, as reuniões posteriores com a presença das partes somente poderão ser marcadas com a sua anuência (art. 18). No desempenho de sua função, o mediador poderá reunir-se com as partes, em conjunto ou separadamente, assim como solicitar-lhes as informações que entender necessárias para facilitar o entendimento entre aquelas (art. 19).

447

O não comparecimento injustificado da parte à audiência conciliatória é considerado ato atentatório à dignidade da justiça e sancionado com multa de até 2% da vantagem econômica pretendida ou do valor da causa, revertida em favor da

União ou do Estado (NCPC, art. 334, § 8º). Vale destacar que a previsão não contempla a sessão de mediação, mas apenas a de conciliação. Na Lei de Mediação não há previsão de multa, o que reforça a escolha legislativa de respeitar a voluntariedade em relação a tal meio consensual.

448

Resta verificar qual será o entendimento jurisprudencial em relação ao "não comparecimento injustificado". Por exemplo, o desinteresse na realização de acordo por descumprimentos de pactos anteriores seria um motivo de comparecimento *justificado*? Para os autores desta obra, sim: não pode ser penalizada a parte que não comparecer à audiência por não querer realizar acordo. Porém, não se sabe se este será o entendimento adotado pelos tribunais.

449

As partes deverão comparecer à sessão consensual acompanhadas por advogado (art. 334, § 9º); será possível constituir representante, desde que com poderes para negociar (NCPC, art. 334, § 10). Na mediação judicial as partes deverão ser assistidas por advogados ou defensores públicos, ressalvadas as hipóteses previstas nas Leis dos Juizados Especiais (Lei 13.140/2015, art. 26).

450

Afirma o NCPC que a pauta das audiências de conciliação e mediação será organizada de modo a respeitar o intervalo mínimo de 20 (vinte) minutos entre os inícios de uma e outra (art. 334, § 12). Obviamente trata-se de uma pauta mínima, sendo essencial que haja autonomia para trabalhar o tempo de forma proporcional e adequada ao conflito.

451

O NCPC não dispõe sobre tempo máximo para a realização da etapa consensual, mas destaca que, se necessária a pluralidade de reuniões, poderá haver mais de uma sessão de autocomposição em até 2 (dois) meses da data de realização da primeira (art. 334, § 2º). A Lei de Mediação, por seu turno, externa preocupação maior com a duração razoável do processo: o procedimento de mediação judicial deverá ser concluído em até sessenta dias contados da primeira sessão – salvo quando as partes, de comum acordo, requererem sua prorrogação (Lei 13.140/2015, art. 28).

452

A autocomposição obtida na mediação ou na conciliação judicial será reduzida a termo e homologada por sentença (NCPC, art. 334, § 11). Na mesma linha, dispõe a Lei de Mediação que, havendo acordo, os autos serão encaminhados ao juiz, que determinará o arquivamento do processo; caso haja requerimento das partes, o juiz homologará o acordo, por sentença e determinará o arquivamento do feito (Lei 13.140/2015, art. 28). Como se percebe, caso seja apenas notícia da ocorrência do acordo não haverá sua homologação; esta precisará ser pleiteada expressamente pelas partes.

453

Merece destaque o incentivo econômico à solução consensual expresso na Lei 13.140/2015: se o conflito for solucionado pela mediação antes da citação do réu, não serão devidas custas judiciais finais (art. 29). Assim, sabendo a parte da demanda, caso ela se disponha a participar da mediação (judicial ou extrajudicial) e celebre acordo, ela não será condenada a pagar as custas finais; obviamente a previsão não a dispensa de pagar os honorários do mediador que tenha precisado atuar.

454

A sessão consensual poderá ser realizada por meio eletrônico, segundo o art. 334, § 7º do NCPC, nos termos da lei. Embora não haja legislação sobre o tema, alguns tribunais têm protagonizado iniciativas para contemplar tal possibilidade – inclusive buscando convênios com instituições realizadoras de conciliações e mediações *on-line*. A Lei de Mediação é ainda mais aberta a tal possibilidade, dispondo que a mediação poderá ser feita pela internet ou outro meio de comunicação que permita a transação à distância, desde que as partes estejam de acordo (Lei 13.140/2015, art. 46); como se percebe, não há referência à necessidade de norma regulamentadora.

CAPÍTULO VI – Da Contestação

455

O réu poderá oferecer contestação, por petição, no prazo de 15 dias; o termo inicial será a data:

I. da audiência de conciliação/ mediação, ou da última sessão de conciliação, quando qualquer parte não comparecer ou, comparecendo, não houver autocomposição;
II. do protocolo do pedido de cancelamento da audiência de conciliação/mediação apresentado pelo réu, quando ambas as partes tiverem manifestado desinteresse na via consensual;
III. prevista no art. 231 do NCPC, segundo o modo como foi feita a citação, nos demais casos (art. 335).

456

Em relação à contestação em si, há repetição do CPC/1973: I: a peça deve trazer todas as matérias de defesa (art. 336), II: há distinção entre preliminares e mérito (art. 337) e III: há o ônus da impugnação específica – ou seja, o que não for impugnado na contestação presume-se verdadeiro (art. 341). Como inovação, a defesa do réu passa a ser ainda mais concentrada na contestação, com o aumento do rol de preliminares, para incluir a incompetência relativa, a incorreção do valor da causa e a indevida concessão de justiça gratuita (art. 337)

457

Deixa de existir a nomeação à autoria prevista no Código anterior. Se o réu alegar, na contestação, que é parte ilegítima e tiver conhecimento de quem é a parte legítima, deverá indicar isso na defesa, sob pena de arcar com as despesas processuais e indenizar o autor pelos prejuízos (art. 339).

458

Quando houver alegação de ilegitimidade passiva, poderá o autor, em 15 dias, alterar a petição inicial para promover a troca de réus (art. 338). Nesse caso, haverá pagamento de honorários entre 3% e 5% do valor da causa, em favor do advogado do réu excluído (art. 338, parágrafo único).

459

Deixa de existir a exceção de incompetência relativa e o tema passa a ser alegado em preliminar de contestação (NCPC, art. 337, II). Do mesmo modo, deixa de existir a exceção de impedimento e suspeição e o tema passa a ser alegado em petição específica para isso, sem maiores formalidades (NCPC, art. 146).

460

Deixa de existir a ação declaratória incidental, pois a questão prejudicial será coberta pela coisa julgada (NCPC, art. 503, § 1º).

461

Deixa de existir a impugnação ao valor da causa, pois isso será alegado na própria contestação, em preliminar (NCPC, arts. 293 e 337, III). Na mesma linha, não mais haverá a impugnação à justiça gratuita, pois a gratuidade será impugnada nos próprios autos, na próxima peça que a parte contrária apresentar (NCPC, art. 100).

CAPÍTULO VII – Da Reconvenção

462

Há simplificação em relação à reconvenção, que deixa de existir como uma peça apartada (era esse o modelo no CPC/1973). Assim, no NCPC, poderá o réu formular, na própria contestação, pedido contra o autor (art. 343) – bastando abrir um tópico específico para isso na peça de defesa (preliminar, mérito e reconvenção). E o nome desse instituto é reconvenção e não pedido contraposto.

463

Oferecida a reconvenção pelo réu, o autor será *intimado*, na pessoa do seu *advogado*, para apresentar resposta (contestar) em 15 dias (art. 343, § 1º). Uma vez apresentada, a reconvenção passa a ser autônoma em relação à ação; assim, a desistência ou extinção da ação não obsta o prosseguimento da reconvenção (art. 343, § 2º).

464

A reconvenção pode ser proposta com litisconsórcio passivo (ou seja, contra o autor e terceiro) ou em litisconsórcio ativo (ou seja, réu e terceiro). É a previsão do art. 343, §§ 3º e 4º.

465

Apresentada a reconvenção, haverá a anotação no distribuidor, de modo que se saiba que o autor é réu na reconvenção, para fins de expedição de certidão negativa de feitos judiciais (NCPC, art. 286, parágrafo único).

CAPÍTULO VIII – Da Revelia

466

Revelia é a ausência de contestação, e como consequências:

(i) a presunção de veracidade dos fatos alegados pelo autor (art. 344) e

(ii) os prazos contra o revel sem advogado nos autos fluirão da data de publicação da decisão no diário oficial (art. 346).

467

Não haverá presunção de veracidade mesmo que haja ausência de contestação se (art. 345):

I. houver litisconsórcio passivo e algum dos réus contestar;

II. o litígio versar sobre direitos indisponíveis;

III. a petição inicial não trouxer instrumento que a lei considere indispensável à prova do ato;

IV. as alegações de fato do autor forem inverossímeis ou forem contraditórias com a prova dos autos (este inciso é novidade do NCPC, pois as outras 3 hipóteses são repetição do Código anterior).

CAPÍTULO IX – Das Providências Preliminares e do Saneamento

468

O capítulo não apresenta significativas alterações, mas promove alguns ajustes de nomenclatura e prazos, sendo subdividido em três seções:

I. Da Não Incidência dos Efeitos da Revelia;

II. Do Fato Impeditivo, Modificativo ou Extintivo do Direito do Autor;

III. Das Alegações do Réu.

469

Encerrado o prazo para contestar, o juiz tomará, conforme o caso, as providências preliminares pertinentes segundo o Código (art. 347).

470

Caso o réu não tenha contestado, o juiz, verificando a inocorrência do efeito da revelia, ordenará que o autor especifique as provas que pretenda produzir, se ainda não as tiver indicado (art. 348).

471

Há regra expressa que contempla entendimento jurisprudencial alinhado à ampla defesa e ao contraditório: ao réu revel será lícita a produção de provas, contrapostas às alegações do autor, desde que se faça representar nos autos a tempo de praticar os atos processuais indispensáveis a essa produção (art. 349).

472

O prazo para réplica foi ampliado, passando a coincidir com o prazo predominante no NCPC. Se o réu alegar fato impeditivo, modificativo ou extintivo do direito do autor, este será ouvido no prazo de 15 (quinze) dias, permitindo-lhe o juiz a produção de prova (art. 350). Do mesmo modo, caso o réu alegue qualquer das matérias enumeradas no art. 337, o juiz determinará a oitiva do autor no prazo de 15 (quinze) dias, permitindo-lhe a produção de prova (art. 351).

473

Contudo, vale destacar que o termo "réplica" não consta dos arts. 350 e 351 do NCPC, apesar de aparecer em outros dispositivos (arts. 100, 430 e 437).

474

Verificando a existência de irregularidades ou de vícios sanáveis, o juiz determinará sua correção em prazo nunca superior a 30 (trinta) dias (art. 352). Cumpridas as providências preliminares ou não havendo necessidade delas, o juiz proferirá julgamento conforme o estado do processo, observando o que dispõe o Capítulo X (art. 353).

CAPÍTULO X – Do Julgamento Conforme o Estado do Processo

475

Após as providências preliminares, ou se estas não forem necessárias, o juiz passa ao julgamento conforme o estado do processo. No CPC/1973, eram 3 formas; agora, são 4: (i) extinção do processo, (ii) julgamento antecipado do mérito, (iii) julgamento antecipado parcial do mérito (novidade) e (iv) saneamento e organização do processo.

476

Nos termos do art. 354 do NCPC, haverá extinção logo após a réplica se for o caso de decisão sem resolução do mérito (art. 485) e no reconhecimento de prescrição / decadência ou na homologação de acordo, renúncia ou reconhecimento do pedido (art. 487, II e III).

477

O julgamento antecipado do mérito ou do pedido (no CPC/1973, julgamento antecipado da lide) se verifica quando não há necessidade de realização de instrução. Ocorre (i) quando não há necessidade de outras provas além dos documentos já nos autos ou (ii) houver revelia e não for hipótese de produção de prova.

478

O NCPC contempla a possibilidade de serem proferidas sentenças parciais ao prever o julgamento antecipado parcial do mérito. O juiz decidirá parcialmente o mérito quando um ou mais dos pedidos formulados ou parcela deles: I – mostrar-se incontroverso; II – estiver em condições de imediato julgamento (art. 356).

479

A decisão que julga parcialmente o mérito é impugnável por agravo de instrumento (art. 356, § 5º), sendo que, pelo NCPC, esse recurso não é dotado de efeito suspensivo automático (diferentemente da apelação, que, em regra, tem efeito suspensivo).

480

A parte poderá liquidar ou executar, desde logo, a obrigação reconhecida na decisão que julgar parcialmente o mérito, independentemente de caução, ainda que haja recurso interposto contra ela; se houver trânsito em julgado da decisão, a execução será definitiva (art. 356, §§ 2º e 3º).

481

O NCPC investe na previsão sobre saneamento do processo, trazendo diversas normas sobre o tema.

482

Segundo o art. 357, não sendo o caso de extinção do processo, o juiz proferirá decisão de saneamento e de organização do processo para:

I. resolver as questões processuais pendentes, se houver;
II. delimitar as questões de fato sobre as quais recairá a atividade probatória, especificando os meios de prova admitidos;
III. definir a distribuição do ônus da prova;
IV. delimitar as questões de direito relevantes para a decisão do mérito;
V. designar, se necessário, audiência de instrução e julgamento (art. 357).

483

Realizado o saneamento do processo, as partes terão o direito de pedir esclarecimentos ou solicitar ajustes no prazo comum de 5 dias, findo o qual a decisão se torna estável (art. 357, § 1º).

484

As partes poderão apresentar ao juiz, para homologação, a delimitação consensual sobre as questões de fato sobre as quais recairá a prova e as questões de direito relevantes para a decisão de mérito; tal convenção processual, uma vez homologada, vinculará as partes e o juiz (art. 357, § 2º).

485

Há previsão pioneira de saneamento compartilhado: se a causa apresentar complexidade em matéria de fato ou de direito, o juiz deverá designar audiência para que o saneamento seja feito em cooperação com as partes; em tal oportunidade o magistrado, se for o caso, convidará as partes a integrar ou esclarecer suas alegações (art. 357, § 3º). As partes deverão levar a tal audiência o respectivo rol de testemunhas (§ 5º).

486

Caso tenha sido determinada a produção de prova testemunhal, o juiz fixará prazo comum não superior a 15 dias para que as partes apresentem rol de testemunhas (art. 357, § 4º), cujo número não pode ser superior a 10, sendo 3, no máximo, para a prova de cada fato (art. 357, § 6º).

487

Será possível a limitação do número de testemunhas pelo juiz levando em conta a complexidade da causa e dos fatos individualmente considerados (art. 357, § 7º).

488

Caso determine a produção de prova pericial, o juiz deverá nomear perito especializado no objeto da perícia, e, se possível, estabelecer, desde logo, calendário para sua realização (art. 357, § 8º).

489

Segundo o NCPC, as pautas deverão ser preparadas com intervalo mínimo de 1 (uma) hora entre as audiências (art. 357, § 9º).

CAPÍTULO XI – Da Audiência de Instrução e Julgamento

490

O capítulo destinado à audiência de instrução e julgamento traz interessante inovações sobre o tema. Ajustou-se a previsão que inaugura o capítulo para fazer constar que o juiz, no dia e na hora designados, declarará aberta a audiência de instrução e julgamento e mandará apregoar as partes e os respectivos advogados, assim como outras pessoas que dela devam participar (art. 358).

491

O dever de promover a autocomposição é relembrado: instalada a audiência de instrução, o juiz tentará conciliar as partes independentemente do emprego anterior de outros meios de solução consensual de conflitos, como a mediação e a arbitragem (art. 359). Vale lembrar que, caso as partes se mostrem interessadas na tentativa de obter o consenso elas poderão, por força do princípio da confidencialidade, requerer que a sessão seja conduzida pelo conciliador e não pelo juiz.

492

A previsão do art. 359 destaca ser pertinente a insistência na tentativa consensual mesmo que tenha havido a adoção de outros mecanismos anteriormente. A previsão se justifica porque pode ter havido mudança na concepção das partes, que podem ser afetadas por múltiplos fatores (como o tempo e a disposição de encerrar pendências). Merece ainda crítica a menção à arbitragem como meio consensual: ela configura, na verdade, um mecanismo heterocompositivo (adjudicatório) de solução de conflitos.

493

Ampliou-se a previsão sobre o poder de polícia dos magistrados para esclarecer que a eles incumbe: I – manter a ordem e o decoro na audiência; II – ordenar que se retirem da sala de audiência os que se comportarem inconvenientemente; III – requisitar, quando necessário, força policial; até aqui, os incisos do art. 360 são idênticos aos do art. 445 do CPC/1973. Foram expressas ainda as seguintes incumbências: IV – tratar com urbanidade as partes, os advogados, os membros do Ministério Público e da Defensoria Pública e qualquer pessoa que participe do processo; V – registrar em ata, com exatidão, todos os requerimentos apresentados em audiência (art. 360).

494

Vale destacar que não houve repetição, no NCPC, da regra segundo a qual compete ao juiz, especialmente, I – dirigir os trabalhos da audiência; II – proceder direta e pessoalmente à colheita das provas (CPC/1973, art. 446). A ausência se justifica pelo fato de ter sido dado maior destaque e reconhecido maior protagonismo ao advogado na audiência de instrução.

495

A produção das provas orais em audiência manteve a sistemática do art. 452 do CPC/1973. As provas orais serão produzidas em audiência, ouvindo-se nesta ordem, preferencialmente: I – o perito e os assistentes técnicos, que responderão aos quesitos de esclarecimentos requeridos no prazo e na forma do art. 477, caso não respondidos anteriormente por escrito; II – o autor e, em seguida, o réu, que prestarão depoimentos pessoais; III – as testemunhas arroladas pelo autor e pelo réu, que serão inquiridas (art. 361).

496

Há uma nova e esclarecedora previsão sobre a instrução na audiência: enquanto depuserem o perito, os assistentes técnicos, as partes e as testemunhas, não poderão os advogados e o Ministério Público intervir ou apartear, sem licença do juiz (art. 361 parágrafo único).

497

A previsão sobre o adiamento da audiência conta com o aperfeiçoamento de uma hipótese e o acréscimo de outra. Além da convenção das partes, destaca-se ser motivo para sua ocorrência a impossibilidade de comparecer, por motivo justificado, relativa a qualquer pessoa que dela deva necessariamente participar (CPC/2015, arts. 362, I e II; CPC/1973, art. 453, I e II). Passa-se também a reconhecer como possível causa do adiamento do ato o atraso injustificado de seu início em tempo superior a 30 (trinta) minutos do horário marcado (NCPC, art. 362, III).

498

As regras sobre a demonstração do impedimento e a possível dispensa de provas são mantidas nos mesmos parâmetros do art. 453 (§§ 1º a 3º) do CPC/1973. O impedimento deverá ser comprovado até a abertura da audiência; não o sendo, o juiz procederá à instrução (NCPC, art. 362, § 1º). O juiz poderá dispensar a produção das provas requeridas pela parte cujo advogado ou defensor público não tenha comparecido à audiência, aplicando-se a mesma regra ao Ministério Público (NCPC, art. 362, § 2º). Quem der causa ao adiamento responderá pelas despesas acrescidas (NCPC, art. 362, § 3º).

499

O NCPC traz interessante regra: havendo antecipação ou adiamento da audiência, o juiz, de ofício ou a requerimento da parte, determinará a intimação dos advogados ou da sociedade de advogados para ciência da nova designação (art. 363).

500

A regra sobre a ocorrência de debates orais ao final da audiência repete parâmetro do art. 454 do CPC/1973. Finda a instrução, o juiz dará a palavra ao advogado do autor e do réu, bem como ao membro do Ministério Público, se for o caso de sua intervenção, sucessivamente, pelo prazo de 20 (vinte) minutos para cada um; tal prazo é, a critério do juiz, prorrogável por 10 (dez) minutos (art. 364).

501

Amplia-se o prazo para a apresentação de memoriais para unificá-lo ao prazo quinzenal predominante no NCPC. Quando a causa apresentar questões complexas de fato ou de direito, o debate oral poderá ser substituído por razões finais escritas, que serão apresentadas pelo autor e pelo réu, bem como pelo Ministério Público, se for o caso de sua intervenção, em prazos sucessivos de 15 (quinze) dias, assegurada vista dos autos (art. 364, § 2º).

502

A regra sobre a cisão da audiência é aperfeiçoada. Sendo a audiência una e contínua, ela pode ser, excepcional e justificadamente cindida, na ausência de perito ou de testemunha, desde que haja concordância das partes (art. 365). Ante a impossibilidade de realização da instrução, do debate e do julgamento no mesmo dia, o juiz marcará seu prosseguimento para a data mais próxima possível, em pauta preferencial (art. 365, parágrafo único).

503

Amplia-se o prazo para a prolação de decisão do juiz, que é triplicado (em relação aos 10 dias previstos no art. 456 do CPC/1973): encerrado o debate ou oferecidas as razões finais, o juiz proferirá sentença em audiência ou no prazo de 30 (trinta) dias (art. 366).

504

Esclarece-se que a audiência poderá ser integralmente gravada em imagem e em áudio, em meio digital ou analógico, desde que assegure o rápido acesso das partes e dos órgãos julgadores, observada a legislação específica; tal gravação também poderá ser realizada diretamente por qualquer das partes, independentemente de autorização judicial (art. 367, §§ 5º e 6º). Além disso, repetindo o Código anterior, destaca o NCPC que a audiência será pública, ressalvadas as exceções legais (art. 368).

CAPÍTULO XII – Das Provas

SEÇÃO I – Disposições Gerais

505

Apesar de haver importantes inovações quanto às provas de uma forma geral, não há grandes novidades na parte inicial do regramento instrutório, que traz disposições tradicionais sobre os meios de prova e sua produção em juízo (arts. 369 a 380).

506

O NCPC contempla previsão sobre a prova emprestada: o juiz poderá admitir o uso de prova produzida em outro processo, atribuindo-lhe o valor que considerar adequado, observado o contraditório (art. 372).

507

A grande novidade do NCPC em termos instrutórios é a previsão expressa sobre a "distribuição dinâmica do ônus da prova" (ou "carga dinâmica do ônus da prova"), mecanismo que já vinha sendo aplicado pela jurisprudência e indicado pela doutrina como pertinente em demandas de peculiar dificuldade probatória por impossibilidades ligadas ao perfil dos litigantes.

508

Em casos previstos em lei ou ante peculiaridades da causa relacionadas: (i) à impossibilidade ou excessiva dificuldade de cumprir o encargo de provar ou (ii) à maior facilidade de obtenção da prova do fato contrário, poderá o juiz atribuir o ônus da prova de modo diverso por meio de decisão fundamentada, caso em que deverá dar à parte a oportunidade de se desincumbir do ônus que lhe foi atribuído (art. 373, § 1º).

509

Segundo o NCPC, a decisão que atribui o ônus da prova de modo diverso não pode gerar situação em que se desincumbir do encargo pela parte seja impossível ou excessivamente difícil (art. 373, § 2º). Essa previsão deve ensejar interessantes debates, já que contempla conceitos indeterminados. O que pode ser reputado excessivamente difícil? A aferição em termos de excesso certamente dependerá de fatores como as circunstâncias do caso e o perfil das partes.

510

Será possível a celebração de negócio processual sobre o tema. Segundo o art. 373, § 3º, a distribuição diversa do ônus da prova também pode ocorrer por convenção das partes, salvo quando: I – recair sobre direito indisponível da parte; II – tornar excessivamente difícil a uma parte o exercício do direito. Tal convenção pode ser celebrada antes ou durante o processo. Vale lembrar que o CPC/1973 tem regra similar no art. 333, parágrafo único, que não conta com significativa aplicação prática.

SEÇÃO II – Produção Antecipada da Prova

511

Excluída enquanto medida de urgência (já que a cautelar com tal nome não consta no NCPC), a produção antecipada da prova aparece entre as disposições gerais e tem ampliado seu cabimento.

512

A produção antecipada da prova, aplicável a quem pretender justificar a existência de fato ou relação jurídica para simples documento e sem caráter contencioso, será admitida quando: I – houver fundado receio de que venha a tornar-se impossível ou muito difícil a verificação de certos fatos na pendência da ação; II – a prova a ser produzida for suscetível de viabilizar a autocomposição ou outro meio adequado de solução de conflito; III – o prévio conhecimento dos fatos puder justificar ou evitar o ajuizamento de ação (art. 381). Por meio de tal regramento também será viável proceder ao arrolamento de bens quando ele visar apenas a realização de documentação e não a prática de atos de apreensão (381, § 1º).

513

Na petição, o requerente apresentará as razões que justificam a necessidade de antecipação da prova e mencionará com precisão os fatos sobre os quais a prova há de recair; o juiz determinará, de ofício ou a requerimento da parte, a citação de interessados na produção da prova ou no fato a ser provado, salvo se inexistente caráter contencioso (art. 382, *caput* e § 1º).

514

Não haverá conteúdo valorativo na produção antecipada de prova: o juiz não se pronunciará sobre a ocorrência ou a inocorrência do fato, nem sobre as respectivas consequências jurídicas (art. 382, § 2º).

515

Neste procedimento, não se admitirá defesa ou recurso, salvo contra decisão que indeferir totalmente a produção da prova pleiteada pelo requerente originário (art. 382, § 4º).

516

Os autos permanecerão em cartório durante 1 mês para extração de cópias e certidões pelos interessados; findo o prazo, os autos serão entregues ao promovente da medida (art. 383, parágrafo único). Como se percebe, o legislador focou, nesse dispositivo, a tramitação em autos físicos; ao ponto, a previsão se assemelha ao regramento de notificações judiciais do CPC/1973.

SEÇÃO III – Da Ata Notarial

517

A ata notarial é meio de prova que não era previsto no CPC/1973, apesar de já ser conhecido no cotidiano forense. Sua previsão é conveniente para não haver dúvidas quanto à sua utilização.

518

Dotada de fé pública, a ata notarial vem sendo usada com proveito para atender pretensões probatórias, especialmente em situações "fugidias", ou seja, que podem desaparecer (como para provar o conteúdo de páginas da internet, que podem ser alteradas ou excluídas posteriormente).

519

A ata notarial poderá atestar ou documentar a existência e o modo de existir de algum fato; dados representados por imagem ou som gravados em arquivos eletrônicos poderão dela constar (art. 384, parágrafo único).

SEÇÃO IV – Do Depoimento Pessoal

520

Não houve significativas mudanças em tal regramento, que traz apenas pontuais ajustes.

521

O depoimento pessoal da parte que residir em comarca, seção ou subseção judiciária diversa daquela onde tramita o processo poderá ser colhido por meio de videoconferência ou outro recurso tecnológico de transmissão de sons e imagens em tempo real, o que poderá ocorrer, inclusive, durante a realização da audiência de instrução e julgamento (art. 385, § 3º).

522

Dúvida que surgirá é se o depoimento pessoal das partes, no NCPC, será feito mediante reperguntas (como no Código anterior) ou mediante perguntas dos próprios advogados – como é a novidade em relação à prova testemunhal (art. 459). Como não há previsão do tema na seção própria do depoimento pessoal, é de se concluir que a forma de inquirição será a mesma da prova testemunhal – ou seja, perguntas formuladas pelos advogados e não pelo juiz.

SEÇÃO V – Da Confissão

523

O NCPC basicamente repete as regras do CPC/1973 em relação à confissão, que pode ser judicial ou extrajudicial (art. 389), sendo que a judicial pode ser espontânea ou provocada (art. 390).

524

Inova o NCPC ao apontar que a confissão será ineficaz se realizada por quem não for capaz de dispor do direito a que se referem os fatos confessados (art. 392, § 1º). Outra inovação é a afirmação de que a confissão do representante só é eficaz no limite da vinculação ao representado (art. 392, § 2º).

SEÇÃO VI – Da Exibição de Documento ou Coisa

525

Em grande parte o NCPC repete o Código anterior em relação à exibição de documento.

526

A mais relevante inovação quanto ao tema está no art. 400, parágrafo único, que prevê a possibilidade de o juiz adotar "medidas indutivas, coercitivas, mandamentais ou sub-rogatórias para que o documento seja exibido". Ou seja, o NCPC permite, por exemplo, a fixação de multa diária para que haja a exibição de documento – diferentemente da jurisprudência quanto ao tema à luz do CPC/1973 (Súmula 372/STJ).

SEÇÃO VII – Da Prova Documental

527

Apesar de existir, na sociedade, grande evolução em relação à prova documental (na qual deve se incluir fax, *e-mail*, CD, DVD, arquivos de mídia eletrônica, mensagens em redes sociais), existem inúmeros artigos quanto à prova documental que são basicamente reprodução do CPC/1973 (como, por exemplo, a menção a "telegrama e radiograma" como provas desde que o original estiver na "estação expedidora" – NCPC, art. 413). Ou seja, tudo isso já superado no cotidiano.

528

Apresentado o documento por uma das partes, se a outra não o impugnar (art. 430) no momento seguinte (contestação, réplica ou simples petição, se o documento for juntado fora da inicial ou contestação), há preclusão e considera-se autêntico o documento (art. 411, III).

529

O art. 413 do NCPC fala em telegrama, radiograma ou "outro meio de transmissão". Afirma ainda o artigo que esses documentos terão força de documento particular se o original estiver "assinado pelo remetente" na "estação expedidora. Atualmente, não existe mais radiograma nos Correios e a regra é telegrama enviado pela internet. Portanto, o dispositivo já está completamente ultrapassado. A melhor interpretação será compreender como documento particular o telegrama se o remetente mantiver cópia eletrônica da mensagem enviada pela internet (para fins de eventual perícia).

530

Diante do silêncio do art. 413 quanto a fax (inclusive já superado por outras tecnologias), *e-mail* e outras mensagens instantâneas (como *hangout*, *facebook messenger* ou *WhatsApp*) caberá ao juiz, caso a caso e diante do livre convencimento motivado (art. 371), avaliar se esses documentos podem ser considerados provas. Especificamente quanto ao *e-mail*, há previsão no art. art. 422, § 3º – quanto à sua aceitação, mas não força probante).

531

O NCPC segue falando de "cartas e registros domésticos" (art. 415), que se diferenciam dos demais documentos particulares por não necessitarem de assinatura do emitente para que sejam considerados como provas. Contudo, uma vez mais, o acolhimento desses bilhetes ou anotações realizado no âmbito do domicílio (entre empregado doméstico e empregador, entre vizinhos, entre estudantes residentes em uma mesma república) dependerá do livre convencimento do juiz (art. 371).

532

Em relação à reprodução realizada por foto, vídeo ou áudio, o NCPC afirma que isso é válido (art. 422). Mas trata-se de presunção relativa, pois é certo que a parte contrária pode impugnar esse documento (todas essas reproduções são classificadas como meios de prova).

533

Tratando-se de foto digital ou foto obtida na internet, deverá ser apresentada a "autenticação mecânica", que deve ser interpretado como (i) o arquivo digital que traz a foto ou (ii) o arquivo e as informações da página na internet de onde essa foto foi retirada. Tratando-se de foto obtida na internet, ainda é possível se realizar a ata notarial (art. 384).

534

Se a foto estiver em jornal ou revista impressa, deverá ser juntado aos autos o original onde apareceu essa foto. Contudo, muitas vezes isso pode ser insuficiente para eventual perícia – e talvez seja necessária a apresentação do próprio arquivo eletrônico (existente junto à imprensa), conforme o caso concreto. E o juiz, por certo, terá poderes para isso.

535

O NCPC é omisso quanto à fotografia analógica ("fotografia de filme", que ainda existe); nessas situações, será mais seguro juntar também o negativo (*slide*). Se o processo for digital, sendo inviável a transição para tal suporte a parte poderá apresentar o documento em juízo (Lei 11.419/2006, art. 11, § 5º e NCPC, art. 425, § 2º).

536

O § 3º do art. 422 destaca que o *e-mail*, para fins de prova, equipara-se a fotografia. Assim, deverá ser juntada a "autenticação eletrônica" (arquivo eletrônico e não só a mensagem impressa, para fins de eventual perícia). Mas o dispositivo não trata da força probante do e-mail (como o NCPC fez com o telegrama), mas sim dos aspectos formais para aceitação da prova. E cabe sempre lembrar que o juiz tem o livre convencimento motivado (art. 371).

537

Quando houver impugnação de um documento, o ônus da prova quanto à falsidade é de quem impugnou o documento – salvo em relação à autenticidade do documento juntado (ou seja, assinatura ou confecção do documento).

538

No CPC/1973, para impugnar um documento, havia a figura do incidente de falsidade documental, que poderia ser autuado em apartado. No NCPC, há uma simplificação do procedimento. Assim, juntado um documento, deve a parte contrária impugná-lo na primeira oportunidade seguinte. Se o documento for juntado na inicial, alega-se a falsidade na contestação; se juntado na contestação, na réplica; se juntado em qualquer outro momento (por simples petição), em 15 dias contados da intimação da juntada do documento (art. 430).

539

Impugnado o documento, a parte contrária (ou seja, quem produziu o documento apontado como falso) terá 15 dias para se manifestar (art. 432).

540

Tal qual previsto no CPC/1973, após a manifestação das duas partes quanto ao documento, haverá perícia, para se concluir pela falsidade ou não. Só não haverá perícia se, (i) quem produziu o documento optar por desentranhá-lo dos autos e (ii) a parte que arguiu a falsidade concordar com o desentranhamento (art. 432, *caput* e parágrafo único).

541

A falsidade será decidida em conjunto com o mérito. Em regra, como questão prejudicial, incidentalmente (apenas na fundamentação da sentença). Mas, se a parte que impugnar o documento requerer, poderá ser julgada como questão principal – ou seja, constará do dispositivo da sentença e então será coberta pela coisa julgada (art. 433).

542

Diferentemente do sistema anterior, em que havia dúvida quanto ao recurso cabível, no NCPC, como a questão da falsidade documental será sempre apreciada na própria sentença (seja apenas na fundamentação ou também no dispositivo), o recurso cabível será a apelação – que poderá discutir só a falsidade documental ou, mais provavelmente, tanto a falsidade quanto a própria decisão quanto ao mérito.

543

Tal qual previsto no CPC/1973, o art. 434 do NCPC aponta, como regra, que todos os documentos devem ser juntados na petição inicial (autor) ou na contestação (réu). Se o autor não juntar documento essencial, pode o juiz determinar a emenda, sob pena de indeferimento da inicial (NCPC, arts. 320 e 321).

544

Inovação o parágrafo único do art. 434 ao prever que, se a prova consistir em reprodução de vídeo ou áudio, ela deverá ser trazida aos autos também na petição inicial ou na contestação. Contudo, o vídeo será exibido e o áudio será ouvido somente na audiência de instrução.

545

O art. 435 repete a regra geral do CPC/1973, no sentido de que somente é possível juntar documentos fora da inicial ou contestação se (i) se referirem a fatos ocorridos após os narrados nos autos ou (ii) para contrapor os documentos antes apresentados. Porém, em linha com a flexibilização jurisprudencial, o parágrafo único permite a juntada posterior, desde que (a) não haja má-fé, (b) que se justifique o motivo da juntada tardia e (c) que haja o contraditório (art. 437, § 1º).

546

Uma vez juntado documento, a parte contrária poderá se manifestar em relação a essa prova no prazo de 15 dias – seja na contestação, em réplica ou em petição simples, que tenha exatamente a finalidade de impugnação do documento (art. 437).

547

O art. 436 traz as quatro possibilidades de manifestação quanto ao documento juntado pelo *ex adverso*:

(i) alegação de que o documento não poderia ter sido juntado, pois não foi observado o momento / prazo para sua produção, devendo ser desentranhado dos autos;

(ii) apontamento de que o documento não é autêntico (assinatura falsa ou não foi produzido por quem consta como subscritor);

(iii) sustentação de que o documento é falso no que diz respeito ao seu conteúdo;

(iv) manifestação quanto ao documento em si (discussão do mérito).

Não é possível que a impugnação seja genérica.

SEÇÃO VIII – Dos Documentos Eletrônicos

548

Traz o NCPC artigos para regular a situação de documentos eletrônicos em processo físico. Prevê o art. 439 que tais documentos sejam impressos e que a autenticidade seja verificada de acordo com lei específica. Como exemplo, uma duplicata virtual que, para ser prova documental em processo físico, deverá ser impressa e comprovada a autenticidade da assinatura eletrônica do devedor.

SEÇÃO IX – Da Prova Testemunhal

549

Em relação à prova testemunhal, o NCPC repete em grande parte o CPC/1973. A prova testemunhal em regra é admitida (art. 442), salvo se: (i) desnecessária, pois o fato já foi provado por documento não impugnado ou confissão ou (ii) descabida, pois a lei não admite a prova exclusivamente testemunhal (cf. art. 227 do CC – prova testemunhal vedada para provar contratos cujo valor for superior a dez salários mínimos) ou há necessidade de conhecimentos técnicos, ou seja, de perícia.

550

O art. 447 do NCPC é reprodução, quase na íntegra, do art. 405 do CPC/1973, que tratava de quem não poderia depor (ser ouvido como testemunha). Quanto às modificações, houve a inclusão do "companheiro" ao lado do cônjuge da parte de não poder ser ouvido (impedimento) e houve supressão, na suspeição, de duas situações: aquele que foi "condenado pelo crime de falso testemunho" e quem "por seus costumes, não for digno de fé". Essas situações mostravam um preconceito e excessiva rigidez do legislador, o que não se justifica à luz da CF/1988.

551

Seguem existindo três categorias de pessoas que não podem depor: os incapazes, impedidos ou suspeitos (NCPC, art. 447, §§ 1º, 2º e 3º).

552

São incapazes, (i) o interdito (enfermo ou deficiente mental), (ii) o enfermo ou com dificuldade mental que, quando dos fatos, não consegui entendê-los, para reproduzir o que viu; (iii) a pessoa menor de 16 anos; (iv) o deficiente visual e auditivo, desde que a compreensão do fato dependa desses sentidos (o NCPC fala em "cego e surdo"). São impedidos: (i) cônjuge ou companheiro da parte, parente da parte (ascendente e descendente em qualquer grau; colateral até o terceiro grau); (ii) quem é parte; (iii) aquele que interveio em nome da parte (tutor, advogado ou juiz). São suspeitos: (i) o inimigo ou amigo íntimo da parte e (ii) o que "tiver interesse" no litígio. A distinção entre impedimento e suspeição é que o primeiro é uma situação mais objetiva, ao passo que a segunda é uma hipótese mais subjetiva e de difícil verificação e prova.

553

Porém, incapazes, impedidos e suspeitos poderão ser ouvidos como informantes (ou seja, não prestarão o compromisso de dizer a verdade) se o juiz entender necessário ouvi-los. Considerando o livre convencimento do juiz (art. 371), não se pode afirmar que a oitiva do informante é "menos relevante" que o depoimento da testemunha.

554

Em regra, qualquer terceiro deve prestar seu depoimento como testemunha. Contudo, há exceções. A testemunha não precisa se manifestar a respeito de fatos que causem grave dano a si ou seus parentes até terceiro grau (como no caso de imputação de crime) ou que sejam cobertos pelo sigilo profissional (como o caso do médico); é o que prevê o art. 448 do NCPC.

555

A apresentação do rol de testemunhas passou por alterações. De um lado, ficou mais rígido, com a necessidade de se indicar – além de nome, profissão, endereço residencial e de trabalho – também o estado civil, idade, RG e CPF. Do outro, o Código destaca que isso deve ser apresentado "sempre que possível" (NCPC, art. 450) – portanto, não há prejuízo ou preclusão caso o rol não esteja completo.

556

Uma vez apresentado o rol, somente poderá haver substituição de testemunha (i) que falecer, (ii) que estiver doente sem condições de depor ou (iii) que mudou de endereço e não foi encontrada. O art. 451 repete o previsto no CPC/1973. O prazo de apresentação do rol, contudo, mudou: será de 15 dias a partir do momento em que o juiz determinar ou apresentado em audiência de saneamento cooperativo (NCPC, art. 357, §§ 3º e 4º).

557

Em regra, a testemunha será ouvida em juízo, perante o juiz da causa, na audiência de instrução. Porém, pode haver (i) produção antecipada de prova (art. 381), (ii) oitiva por carta (precatória, rogatória ou de ordem – art. 453, II) ou ainda, inovação do NCPC, (iii) oitiva por videoconferência – que pode até mesmo ocorrer durante a própria audiência de instrução (art. 453, § 1º).

558

Há um sensível aumento de autoridades que não precisam depor no fórum e que podem ser ouvidas em lugar que designarem, após consulta do juiz (NCPC, art. 454, *caput*). Além dos dignitários que já constavam do CPC/1973, há inclusão de Conselheiros do CNJ e CNMP, advogado geral da União, procuradores-gerais dos Estados e Municípios, defensores públicos gerais Federal e Estadual, prefeito e procurador-geral de justiça. Em contrapartida, há previsão de que se a autoridade não responder ou comparecer à data que ela mesma havia designado, aí poderá o juiz designar data para audiência em juízo.

559

Importante inovação está no art. 455 do NCPC: compete ao próprio advogado intimar a testemunha para que compareça em juízo, e isso será feito via carta com aviso de recebimento, pelos correios. Se não houver o envio do AR pelo advogado e a testemunha não comparecer, presume-se sua desistência. Se o advogado preferir, pode apenas comunicar a testemunha por outros meios – mas, se a testemunha se ausentar, também se presume a desistência.

560

Contudo, ainda permanece a possibilidade de intimação da testemunha pelo Judiciário (como no CPC/1973 – *vide* § 4º do art. 455 do NCPC): (i) se frustrada a intimação via AR (ou se, desde logo, o juiz assim determinar), (ii) quando a testemunha for servidor público, (iii) quando a testemunha for arrolada pelo MP ou Defensoria ou (iv) quando a testemunha for autoridade.

561

Quanto à efetiva oitiva, serão ouvidas primeiro as testemunhas que foram arroladas pelo autor, depois pelo réu. E uma testemunha não ouve o depoimento da outra (exatamente como no CPC/1973). Porém, há inovação: é possível que o juiz, em comum acordo com as partes, altere a ordem de oitiva das testemunhas (qualquer que seja a ordem). Trata-se de típico exemplo de flexibilização procedimental no NCPC (art. 456, parágrafo único).

562

A contradita da testemunha (ou seja, a alegação de que ela é incapaz, impedida ou suspeita e, portanto, não pode depor) não sofreu alterações. Ou seja, deve o advogado da parte contrária, após sua qualificação e antes do efetivo início do depoimento, apresentar sua impugnação à testemunha (NCPC, art. 457). Não havendo contradita, a testemunha prestará compromisso de dizer a verdade; se mentir, cometerá crime de falso testemunho (NCPC, art. 458).

563

Importante alteração diz respeito à indagação das testemunhas. Deixa de existir o modelo das reperguntas (em que o advogado pergunta ao juiz, que então formula a repergunta para a testemunha) e passa o advogado a formular as perguntas diretamente para o depoente (NCPC, art. 459). Isso já consta do art. 212 do CPP, por força de reforma de 2008.

564

As perguntas são inicialmente formuladas pelo advogado que arrolou a testemunha e, posteriormente, pelo outro advogado. Pode o juiz (i) formular perguntas, antes ou depois das partes e (ii) indeferir as perguntas que forem impertinentes, repetição de outra ou quiserem induzir a resposta. Seguramente esse novo formato de audiência demandará adaptações de advogados e juízes.

565

O NCPC permite que o depoimento da testemunha seja reduzido a termo (ou seja, digitado), mas traz como opção preferencial a gravação em meio eletrônico – ainda que o processo não seja eletrônico (art. 460).

566

Pode o juiz determinar a oitiva da testemunha referida (mencionada por uma das testemunhas ouvidas) ou realização de acareação entre testemunhas ou entre testemunha e parte – exatamente como no CPC/1973. Inova o NCPC ao esclarecer que a acareação poderá ser feita por videoconferência e por regular como a acareação será realizada – por reperguntas do juiz e não por perguntas diretas dos advogados (art. 461).

SEÇÃO X – Da Prova Pericial

567

Exatamente como no CPC/1973, o NCPC prevê que ante a necessidade de conhecimentos técnicos, a perícia será realizada via exame, vistoria ou avaliação (NCPC, art. 464).

568

Apesar de repetição de diversos dispositivos, há importantes inovações. De início, já se esclareça que há três possibilidades de perícia no NCPC: (i) prova técnica simplificada (art. 464, § 2º), (ii) perícia comum (arts. 465 e ss.) e (iii) perícia consensual (art. 471).

569

Como já exposto, houve importante alteração quanto à escolha do perito. Deverá o juiz escolher os peritos a partir de um *cadastro mantido pelo tribunal* (art. 156, § 1º). Somente se não houver profissional cadastrado para o local onde está a vara é que haverá *livre escolha* pelo juiz (§ 5º) – sempre devendo ser escolhido profissional que tenha conhecimento técnico para a perícia.

570

Permite o NCPC a possibilidade de substituição da perícia por "prova técnica simplificada", quando o "ponto controvertido for de menor complexidade" (art. 464, § 2º). Contudo, o Código não especifica o que seja esse ponto de menor complexidade, de modo que isso terá de ser verificando no caso concreto. Como exemplo, podemos cogitar de um *tablet* com um problema e a verificação do que causou esse problema (defeito ou mau uso); isso, em tese, seria algo mais simples que permitiria a substituição.

571

A prova técnica simplificada é uma perícia mais informal que conta apenas com o depoimento verbal do *especialista* (esse é o termo utilizado pelo NCPC, e não perito) sem a necessidade de formalizar quesitos, assistente técnico ou apresentação de laudo escrito (art. 464, § 3º). O especialista poderá utilizar *PowerPoint* ou outra apresentação ao prestar os esclarecimentos ao juiz (art. 464, § 4º); sua oitiva ocorrerá na audiência de instrução em outra designada pelo juiz para ouvi-lo.

572

Se, de um lado, uma situação simples pode ser substituída pela prova técnica simplificada, é possível que exista uma situação complexa que demande conhecimentos técnicos de mais de uma área do conhecimento. Nesse caso, pode o juiz nomear mais de um perito e podem as partes indicar mais de um assistente técnico (art. 475 do NCPC).

573

Quanto à perícia em si, existem inovações no procedimento. De início, diante da necessidade de prova pericial, deverá o juiz nomear um perito especialista no objeto da perícia, fixando prazo para apresentação do laudo (NCPC, art. 465). A partir daí, segue-se uma sequência de manifestações das partes e perito.

574

Após a nomeação do perito, as partes terão o prazo de 15 para se manifestarem, quanto (i) impedimento ou suspeição do perito, (ii) indicação de assistente técnico e (iii) apresentação de quesitos (*manifestação 1,* do autor e do réu).

575

Após a manifestação 1, será a vez do perito falar nos autos, em 5 dias, momento em que (i) formulará proposta de honorários, (ii) apresentará seu currículo, principalmente demonstrando sua especialização na área objeto da perícia e (iii) indicará seus contatos profissionais, inclusive correio eletrônico, para ser intimado (*manifestação 2,* do perito).

576

A seguir, nova manifestação das partes, no prazo de 5 dias, para que digam a respeito dos honorários sugeridos pelo perito (*manifestação 3,* do autor e do réu).

577

Com todas essas informações, o juiz fixará os honorários periciais e determinará o pagamento da quantia. A responsabilidade pelo pagamento é de quem requereu a perícia ou de ambas as partes (metade para cada), se (a) a prova for determinada de ofício ou (b) a perícia foi requerida pelo autor e pelo réu. Em regra, apenas após o pagamento integral dos honorários é que terá início a confecção do laudo. Inova o NCPC ao permitir o pagamento de metade antes da perícia e a outra metade somente após a apresentação do laudo e prestados os esclarecimentos (art. 465, § 4º). Isso será requerido pelas partes (na manifestação 1 ou principalmente na 3) e decidido pelo juiz.

578

Outra inovação importante quanto aos honorários periciais é a previsão de sua redução, pelo juiz, caso a perícia seja inconclusiva ou deficiente (art. 465, § 5º).

579

Se a perícia for realizada por carta precatória, é possível que o perito e assistentes técnicos sejam definidos apenas no juízo de destino (art. 465, § 6º). Como exemplo, a situação em que será realizada a perícia para avaliar um imóvel em Comarca distante 500 km do juízo de origem. Muito melhor, por certo, a nomeação de perito no juízo deprecado.

580

O perito deve ser imparcial, mas não os assistentes técnicos, que são de confiança das partes (NCPC, art. 466). Assim, há impedimento e suspeição para o perito, mas não para os assistentes. Porém, isso não significa que os assistentes podem agir de má-fé, podendo ser penalizados se isso ocorrer.

581

Antes de efetivamente iniciar seus trabalhos, deve o perito informar aos assistentes qual será sua atuação e quando o fará, permitindo que eles acompanhem as diligências. É a novidade constante do § 2º do art. 466 (e também no art. 474), que aponta a necessidade de o perito comunicar isso nos autos, com no mínimo 5 dias de antecedência. Se a previsão é boa para garantir o contraditório, seguramente burocratizará e trará maior demora à perícia.

582

Nomeado o perito, é possível que ocorra sua substituição, nos seguintes casos (NCPC, arts. 467 e 468):

(i) o perito recusa a nomeação,

(ii) é acolhida a suspeição ou impedimento do perito,

(iii) falta conhecimento técnico ao perito,

(iv) o perito não elabora o laudo no prazo, sem justificativa plausível.

583

Nova previsão do NCPC diz respeito ao perito que já tiver recebido honorários e for substituído (art. 465, §§ 2º e 3º). Nesse caso, o perito deverá devolver os valores em 15 dias, sob pena de não mais poder atuar como perito por 5 anos (penalidade administrativa que se aplica nacionalmente). E se não houver a devolução espontânea da quantia, a decisão do juiz determinando o pagamento será considerada título executivo judicial e será objeto de cumprimento de sentença.

584

Se o perito apresentar justificativa para não entregar o laudo no prazo fixado pelo juiz, é possível a prorrogação de prazo, por uma vez (art. 476 do NCPC). No CPC/1973, o prazo de prorrogação ficava a critério do juiz; no NCPC, o prazo é apenas a "metade do originalmente fixado". Considerando a riqueza de possibilidades que podem ocorrer na prática, trata-se de dispositivo que possivelmente será afastado muitas vezes, com prorrogação de prazos, em mais de uma oportunidade, por maiores períodos (basta imaginar a não conclusão de um laudo contábil porque a Receita Federal não enviou um documento necessário).

585

Exatamente como previsto no CPC/1973, é possível a formulação de quesitos suplementares. Assim, apresentado o laudo pericial, se as partes necessitarem de esclarecimentos, poderão elaborar novas perguntas, que deverão ser respondidas pelo perito. A novidade do NCPC (art. 466) é que (i) o perito pode responder por escrito ou verbalmente, na audiência de instrução e (ii) se houver a apresentação de quesitos suplementares, o escrivão, sem ter de passar o processo pelo juiz, deverá abrir vista à parte contrária, para que o contraditório possa ser exercido.

586

O laudo pericial é elaborado com base nas perguntas formuladas pelas partes e, se o caso, o MP. Se as partes formularem quesitos impertinentes, o juiz deverá indeferi-los. E se o juiz quiser, poderá também formular quesitos.

587

Importante novação do NCPC, fundada na maior liberdade que o Código dá às partes de definirem o procedimento, é a perícia consensual (art. 471), típico exemplo de negócio jurídico processual.

588

Somente é possível o uso da perícia consensual se: (i) as partes forem capazes e (ii) o litígio puder ser revolvido por acordo entre as partes. Ao requererem essa modalidade de perícia, as partes já deverão indicar: (i) o perito (escolhido de comum acordo pelas partes, sem interferência do juiz), (ii) os assistentes técnicos, (c) data e local da realização da perícia e (d) quesitos que deverão ser respondidos pelo perito. Uma vez apresentado o requerimento de perícia consensual, o juiz poderá deferir ou indeferir o pleito. Não será deferido, por exemplo, se estiverem ausentes alguns dos requisitos antes mencionados.

589

O Código é expresso ao destacar que a perícia consensual é efetiva prova pericial (art. 471, § 3º), não sendo caso de uma perícia consensual e perícia usual ao mesmo tempo.

590

Repetindo regra prevista no CPC/1973, se as partes levarem para o processo pareceres técnicos e o juiz entender que tais documentos são suficientes para esclarecer a controvérsia que demandaria a perícia, poderá dispensar a prova técnica (NCPC, art. 472).

591

Inova o NCPC ao prever os requisitos do laudo pericial (art. 473):

(i) relatório, que é a exposição do objeto da perícia,

(ii) fundamentação, que é composta da análise técnica do perito somada à indicação do método utilizado e justificativa de sua escolha (inclusive em relação a ser um método usualmente utilizado nessa área do conhecimento),

(iii) conclusão, com a resposta a todos os quesitos deferidos pelo juiz.

592

Concluído o laudo, o perito deverá protocolá-lo em juízo. A seguir, as partes e assistentes técnicos poderão se manifestar no prazo comum de 15 dias. Existindo alguma dúvida, terá o perito mais 15 dias para esclarecer os pontos levantados nas manifestações. Após os esclarecimentos periciais, se ainda existir alguma dúvida, as partes poderão requerer novos esclarecimentos (formulando novos quesitos), que serão prestados na audiência de instrução (art. 477).

593

Se a perícia consistir em exame de falsidade de documento ou exame médico, deverá o juiz dar preferência a perito de instituto oficial (como, por exemplo, os exames de DNA realizados por laboratórios estaduais).

594

Inova o NCPC ao prever que, no caso de justiça gratuita, isso será realizado pelo órgão estatal sem custo e com preferência em relação às demais atividades, no prazo fixado pelo juiz – cabendo prorrogação apenas uma vez (NCPC, art. 478, §§ 1º e 2º).

595

O juiz deverá considerar a prova pericial com base no seu convencimento motivado (arts. 371 e 479). Portanto, seja para acolher ou rejeitar o laudo pericial, deve o juiz fundamentar isso em sua sentença.

596

O art. 480 do NCPC permite a realização de nova perícia, quando o juiz entender que "a matéria não estiver suficientemente esclarecida". Vale destacar que a realização da segunda perícia não acarreta o desentranhamento da primeira, sendo que o juiz deverá analisar ambas, na sentença, expondo as razões pela qual adota uma ou outra.

SEÇÃO XI – Da Inspeção Judicial

597

Na inspeção há o contato direto do juiz com pessoas ou coisas, para que haja o esclarecimento de fato relacionado à demanda (art. 481). Ou seja, há inspeção judicial quando o juiz sai de seu gabinete no fórum e vai ao local onde se verifica a controvérsia.

598

O NCPC reproduz todos os dispositivos relativos ao tema previsto no CPC/1973, sem supressão ou inclusão de artigo ou parágrafo. O art. 483 menciona as seguintes situações em que possível a realização da inspeção:

(i) o juiz entende que melhor, para compreender o litígio, ir ao próprio local dos fatos do que ver fatos;

(ii) a coisa que tiver de ser vistoriada não pode ser removida – ou seu custo de remoção é elevado e

(iii) para realizar a reconstituição dos fatos.

599

Terminada a inspeção, será elaborado "auto de inspeção judicial", expondo como se desenvolveu a diligência e trazendo as informações relevantes da inspeção (art. 484).

CAPÍTULO XIII – Da Sentença e da Coisa Julgada

600

Tal qual no Código anterior, o NCPC traz um artigo para tratar da decisão sem mérito (art. 485) e outro para tratar da decisão com mérito (art. 487). Porém, o NCPC não faz menção à *sentença*, pois o novo sistema permite que uma decisão interlocutória também aprecie o mérito.

601

O art. 485 trata da decisão sem mérito. Há repetição dos incisos do art. 267 do CPC/1973 – salvo pela inexistência do art. 267, X (confusão entre autor e réu). A extinção por confusão (autor e réu a mesma pessoa – quando como ocorre uma fusão entre duas empresas que litigavam) se dará por outro motivo, como a falta de interesse de agir.

602

Inova o NCPC ao prever que o autor somente pode requerer a desistência da ação até a sentença (art. 485, § 5º).

603

Outra inovação (positivando o que era sumulado pelo STJ) é a previsão de a extinção por abandono, após a contestação, depender de requerimento do réu.

604

O art. 486 destaca que a decisão sem mérito não impede a repropositura da ação. Porém, somente será possível nova propositura se houver correção da falha (§ 1º).

605

O art. 487 do NCPC repete o art. 269 do CPC/1973, trazendo as hipóteses de decisão com mérito:

I. acolher ou rejeitar o pedido;

II. reconhecimento da decadência ou prescrição;

III. homologação da (a) procedência do pedido, (b) transação ou (c) renúncia à pretensão.

606

Uma das grandes inovações – e polêmicas – do NCPC é a exigência de melhor e mais detalhada motivação das decisões. Diverge a doutrina quanto à conveniência do dispositivo. E, de modo geral, a magistratura critica a inovação.

607

Não será considerada fundamentada a decisão (interlocutória, sentença ou acórdão) que (art. 489, § 1º):

I. se limitar a indicar, reproduzir ou parafrasear ato normativo, sem explicar sua relação com a causa ou a questão decidida;

II. empregar conceitos jurídicos indeterminados sem explicar a causa concreta de sua incidência;

III. invocar motivos que se prestariam a justificar qualquer outra decisão;

IV. não enfrentar todos os argumentos deduzidos no processo capazes de, em tese, infirmar a conclusão adotada;

V. se limitar a invocar precedente ou enunciado de súmula, sem identificar seus fundamentos determinantes nem demonstrar que o caso se ajusta àqueles fundamentos;

VI. deixar de seguir enunciado de súmula, jurisprudência ou precedente invocado pela parte, sem demonstrar a existência de distinção no caso ou a superação do entendimento.

608

Além disso, no caso de colisão entre normas, "o juiz deve justificar o objeto e os critérios gerais da ponderação efetuada, enunciando as razões que autorizam a interferência na norma afastada e as premissas fáticas que fundamentam a conclusão" (art. 489, § 2º).

609

Se essa nova fundamentação da decisão não for observada, cabíveis embargos de declaração (art. 1.022, parágrafo único, II).

610

Contudo, ainda que a sentença esteja com vício de fundamentação, se o processo estiver em condições de imediato julgamento, deverá o tribunal desde logo decidir o mérito – ao invés de anular a decisão e determinar a prolação de nova por parte do juiz de origem (art. 1.013, § 3º, IV).

611

Na ação em que se pleiteie pagamento de quantia, mesmo que o pedido tenha sido genérico, a decisão deve já definir "a extensão da obrigação, o índice de correção monetária, a taxa de juros, o termo inicial de ambos e a periodicidade da capitalização dos juros", salvo se (art. 491):

I. não for possível determinar, de modo definitivo, o montante devido;

II. a apuração do valor devido depender da produção de prova de realização demorada ou excessivamente dispendiosa, assim reconhecida na sentença.

612

A decisão condenatória produz hipoteca judiciária (art. 495, § 1º). Porém, se houver reforma ou invalidação dessa decisão, o autor responderá, independentemente de culpa, pelos danos decorrentes da constituição da garantia (art. 495, § 5º).

613

Segue existindo o reexame necessário, agora denominado de *remessa necessária*. Assim, quando houver sentença contra a Fazenda Pública, haverá o duplo grau obrigatório (art. 496). Porém, em comparação com o Código anterior, há mais situações em que não haverá a remessa necessária (art. 496, §§ 3º e 4º):

(i) quando a condenação ou proveito econômico for de valor certo e líquido inferior a (a) 1.000 salários mínimos para a União, autarquias e fundações federais; (b) 500 salários mínimos para os Estados, o Distrito Federal, autarquias e fundações de direito público estaduais e os Municípios que forem capitais dos Estados; (c) 100 salários mínimos para todos os demais Municípios e autarquias e fundações de direito público municipais;

(ii) quando a sentença estiver fundada em (a) súmula de tribunal superior; (b) acórdão proferido pelo STF ou pelo STJ em julgamento de recursos repetitivos; (c) entendimento firmado em incidente de resolução de demandas repetitivas ou de assunção de competência; (d) entendimento coincidente com orientação vinculante firmada no âmbito administrativo do próprio ente público, consolidada em manifestação, parecer ou súmula administrativa.

614

Em relação à tutela específica das obrigações de fazer ou não fazer, o NCPC (art. 497 e ss.) em grande parte repete o Código anterior (art. 461 e ss.).

615

Assim, na ação que tenha por objeto a prestação de fazer ou de não fazer, o juiz concederá a *tutela específica* ou determinará providências que assegurem a obtenção de tutela pelo *resultado prático equivalente* (art. 497).

616

Inova o NCPC ao prever que, na concessão da tutela específica destinada a inibir a prática, a reiteração ou a continuação de um ilícito, ou a sua remoção, é irrelevante a demonstração da ocorrência de dano ou da existência de culpa ou dolo (art. 497, parágrafo único). Ou seja, o réu não pode apontar a inexistência de culpa para não ser compelido a cumprir uma determinada prática.

617

Somente haverá conversão da obrigação em perdas e danos (art. 499) se:

(i) o autor assim requerer;

(ii) for impossível a tutela específica ou a obtenção de tutela pelo resultado prático equivalente.

618

Caberá indenização por perdas e danos independentemente da multa fixada para compelir o réu ao cumprimento específico da obrigação (art. 500). Logo, não há *bis in idem* na *astreinte* e na indenização, pois as naturezas são distintas.

619

A multa periódica (*astreinte*) independe de requerimento da parte e poderá ser aplicada em qualquer momento (na tutela provisória, na sentença no processo de conhecimento ou na fase de execução). A multa deve ser suficiente, compatível com a obrigação e determinar prazo razoável para o cumprimento do preceito (art. 537).

620

A multa poderá, de ofício ou a requerimento da parte, ser alterada pelo juiz, seja quanto ao valor ou periodicidade – e inclusive ser excluída (art. 537, § 1º). Ou seja, não há preclusão quanto à multa, conforme já definido pela jurisprudência do STJ.

621

E essa modificação da multa poderá ocorrer quando (art. 537, § 1º):

I – se tornar insuficiente ou excessiva;

II – o obrigado demonstrou cumprimento parcial superveniente da obrigação ou justa causa para o descumprimento.

622

De modo a evitar debates jurisprudenciais, o NCPC expressamente define que o beneficiário da multa é o credor / exequente (art. 537, § 2º), e não o Estado. A Lei 13.256/2016 alterou o art. 537, § 3º para constar que "a decisão que fixa a multa é passível de cumprimento provisório, devendo ser depositada em juízo, permitido o levantamento do valor apenas após o trânsito em julgado da sentença favorável à parte".

Coisa Julgada

623

Quanto ao conceito de coisa julgada, há pouca distinção entre o NCPC e o CPC/1973. Coisa julgada é definida, no NCPC, como a imutabilidade e indiscutibilidade da decisão de mérito não mais sujeita a recurso (art. 502).

624

Muda o NCPC os limites objetivos da coisa julgada (qual parte da decisão é coberta pela coisa julgada). Antes, apenas a questão principal. Agora, há coisa julgada também quanto à resolução de *questão prejudicial*, decidida expressa e incidentemente no processo, se:

I. dessa resolução depender o julgamento do mérito;

II. a seu respeito tiver havido contraditório prévio e efetivo, não se aplicando no caso de revelia;

III. o juízo tiver competência em razão da matéria e da pessoa para resolvê-la como questão principal (art. 503, § 1º).

625

Por isso, não existe mais no NCPC a previsão da ação declaratória incidental, prevista no art. 325 do CPC/1973.

626

Não haverá a extensão da coisa julgada se no processo houver restrições probatórias ou limitações à cognição que impeçam o aprofundamento da análise da questão prejudicial (art. 503, § 2º).

627

Essa inovação já traz diversas polêmicas. Um dos debates é se para ser coberta pela coisa julgada, a questão prejudicial precisa constar do dispositivo da sentença ou se basta ter sido debatida na fundamentação da sentença. A conclusão, no âmbito do Ceapro (Centro de Estudos Avançados de Processo), foi pela necessidade de constar do dispositivo. Mas resta verificar como a jurisprudência definirá a questão.

628

Muda o NCPC os limites subjetivos da coisa julgada (quem é atingido pela coisa julgada). A respeito do tema, o art. 472 do CPC/1973 destacava que a coisa julgada não beneficiaria nem prejudicaria terceiros. No NCPC, afirma o art. 506 que a sentença não prejudica terceiros. Contudo, a parte inicial deste dispositivo destaca que a sentença "faz coisa julgada às partes entre as quais é dada". Também já debate a doutrina o real alcance dessa modificação – mesmo se algum. Resta aguardar a jurisprudência.

629

O art. 508 do NCPC traz a previsão da eficácia preclusiva da coisa julgada (princípio do deduzido e dedutível): com o trânsito em julgado "considerar-se-ão deduzidas e repelidas todas as alegações e as defesas que a parte poderia opor assim ao acolhimento como à rejeição do pedido".

CAPÍTULO XIV – Da Liquidação de Sentença

630

A liquidação se insere no processo de conhecimento e é a última atividade antes que tenha início da fase de cumprimento de sentença. É principalmente utilizada para título executivo judicial, mas também é possível sua utilização para o título executivo extrajudicial.

631

Pelo NCPC, somente há a liquidação por arbitramento e a liquidação pelo procedimento comum (denominada antes, pelo CPC/1973, de liquidação por artigos).

632

A liquidação por cálculo deixou de ser tratada como modalidade de liquidação no NCPC. Contudo, é necessária a indicação do valor exato a ser executado (apresentação da memória de cálculo atualizada) para o início do cumprimento de sentença (NCPC, art. 509, § 2º). Portanto, no NCPC a liquidação por cálculo não demanda um incidente prévio de liquidação, o que é necessário nas demais formas de liquidação.

633

A liquidação por arbitramento será utilizada quando "determinado pela sentença, convencionado pelas partes ou exigido pela natureza do objeto da liquidação" (art. 509, I). Será realizada por documentos juntados pela parte (produzidos fora dos autos e submetido ao contraditório) ou, se o juiz entender insuficiente para chegar ao valor do dano, por perícia (art. 510).

634

A liquidação pelo procedimento comum ocorrerá quando "houver necessidade de alegar e provar fato novo" (art. 509, II). Nessa hipótese, discute-se um fato novo nunca debatido no processo; na liquidação por arbitramento discute-se fato já antes debatido no processo de conhecimento – porém, à época, não houve necessidade ou conveniência de se apurar o prejuízo decorrente de tal fato.

TÍTULO II – Do Cumprimento da Sentença

CAPÍTULO I – Disposições Gerais

635

Não houve significativas mudanças no regime do cumprimento de sentença; como a Lei 11.232/2005 já havia promovido alterações significativas no regramento do CPC/1973, o legislador optou por realizar ajustes pontuais no NCPC. Por essa razão, as dicas em relação ao cumprimento de sentença (e, da mesma forma, quanto ao processo de execução, serão menos numerosas do que em relação aos demais temas do NCPC.

636

O cumprimento de sentença para pagar quantia depende do requerimento do credor, não podendo ser realizado de ofício (art. 513, § 1º).

637

A intimação do devedor passa a ser especificada para abordar situações peculiares. O devedor será intimado para cumprir a sentença (art. 513, § 2º):

I. pelo Diário da Justiça, na pessoa do advogado constituído nos autos;
II. por carta com aviso de recebimento, quando representado pela Defensoria Pública ou quando não tiver patrono constituído;
III. por meio eletrônico quando, no caso de empresas públicas e privadas cadastradas nos sistemas de processo em autos eletrônicos, não tiver procurador constituído nos autos;
IV. por edital, quando assim foi citado na fase de conhecimento, onde restou revel.

638

Há interessante previsão para superar dificuldades decorrentes da falta de atualização de endereço nos autos (art. 513, § 3º). Em duas hipóteses (intimações para cumprimento por carta com aviso de recebimento e por meio eletrônico, quando o devedor não tiver advogado constituído), considera-se realizada a intimação quando o devedor houver mudado de endereço sem prévia comunicação ao juízo, observada a presunção legal (presumem-se válidas as intimações dirigidas ao endereço constante dos autos, ainda que não recebidas pessoalmente pelo interessado, se a mudança não tiver sido devidamente comunicada ao juízo, fluindo os prazos a partir da juntada aos autos do comprovante de entrega da correspondência no primitivo endereço).

639

Se o requerimento de cumprimento da sentença for formulado após 1 ano do trânsito em julgado da sentença, a intimação será feita na pessoa do devedor por carta com aviso de recebimento encaminhada ao endereço constante dos autos (art. 513, § 4º).

640

A lei processual passa a expressar que o cumprimento da sentença não poderá ser promovido em face do fiador, do coobrigado ou do corresponsável que não tiver participado da fase de conhecimento (art. 513, § 5º).

641

O rol de títulos executivos judiciais, presente no art. 515, praticamente repete as hipóteses do art. 475-N do CPC/1973. Além de apresentar uma melhor divisão das previsões, acrescenta-se uma: passa a ser reconhecido como título executivo judicial o crédito do auxiliar da justiça em que custas, emolumentos ou honorários tiverem sido aprovados por decisão judicial (art. 515, V; no regime do CPC/1973 tratava-se de título executivo extrajudicial previsto no art. 585, VI).

642

Ajustou-se o teor da regra do art. 475-P, parágrafo único, do CPC/1973 para ampliar o espectro de escolha do exequente. Nas hipóteses de cumprimento de sentença que tramitaria no juízo que decidiu a causa no primeiro grau ou no juízo cível competente (quando se tratar de sentença penal condenatória, sentença arbitral, sentença estrangeira ou acórdão proferido pelo Tribunal Marítimo), o exequente poderá optar pelo juízo do atual domicílio do executado, pelo juízo do local onde se encontrem os bens sujeitos à execução ou pelo juízo do local onde deva ser executada a obrigação de fazer ou de não fazer; nesses casos, a remessa dos autos do processo será solicitada ao juízo de origem (art. 516, parágrafo único).

643

Uma das grandes novidades do NCPC na busca de efetividade das decisões é permitir a publicidade de débitos para incentivar sua satisfação valendo-se do sistema de *protesto* da via extrajudicial. Assim, a decisão judicial transitada em julgado poderá ser levada a protesto, nos termos da lei, após transcorrido o prazo para pagamento voluntário (art. 517).

644

A requerimento do executado, o protesto será cancelado por determinação do juiz, mediante ofício a ser expedido ao cartório, no prazo de 3 dias, contado da data de protocolo do requerimento, desde que comprovada a satisfação integral da obrigação (art. 517, § 4º).

645

Todas as questões relativas à validade do procedimento de cumprimento da sentença e dos atos executivos subsequentes poderão ser arguidas pelo executado nos autos, sendo nestes decididas pelo juiz (art. 518).

CAPÍTULO II – Do Cumprimento Provisório da Sentença que Reconhece a Exigibilidade de Obrigação de Pagar Quantia Certa

646

É expressamente permitido o cumprimento provisório de decisão que condene ao pagamento de quantia, ou seja, de decisão impugnada por recurso sem efeito suspensivo (art. 520).

647

O cumprimento de sentença provisória terá o mesmo trâmite do cumprimento definitivo, mas com algumas peculiaridades, dentre as quais destacamos: (i) tem início por iniciativa e responsabilidade do exequente, que se obriga, se a sentença for reformada, a reparar os danos que o executado haja sofrido (art. 520, I); (ii) prestar caução, no caso de "levantamento de depósito em dinheiro e a prática de atos que importem transferência de posse ou alienação de propriedade (art. 520, IV).

648

No cumprimento de sentença provisório, cabem a impugnação e multa pelo não pagamento no prazo de 15 dias (art. 520, §§ 1º e 2º). Se o executado depositar a multa, isso não será interpretado como ato incompatível com o recurso antes interposto (art. 520, § 3º).

649

Mesmo se tratamento de cumprimento provisório, a caução poderá ser dispensada quando (art. 521):

I. o crédito for de natureza alimentar, independentemente de sua origem;
II. o credor demonstrar situação de necessidade;
III. pender o agravo do art. 1.042 (agravo em recurso especial ou agravo em recurso extraordinário);
IV. a sentença a ser provisoriamente cumprida estiver em consonância com súmula da jurisprudência do Supremo Tribunal Federal ou do Superior Tribunal de Justiça ou em conformidade com acórdão proferido no julgamento de casos repetitivos.

CAPÍTULO III – Do Cumprimento Definitivo da Sentença que Reconhece a Exigibilidade de Obrigação de Pagar Quantia Certa

650

O cumprimento definitivo da sentença que reconhece a exigibilidade de obrigação de pagar quantia certa, prevista no art. 475-J do CPC/1973, passa a contar com capítulo próprio (art. 523 e ss. do NCPC).

651

Há esclarecimentos importantes sobre o tema do cumprimento de sentença. Não realizado, no prazo de 15 dias, o pagamento voluntário da sentença que reconhece a exigibilidade de obrigação de pagar quantia certa, o débito será acrescido de multa de dez por cento e de honorários advocatícios também de dez por cento (art. 523, § 1º). Caso seja efetuado o pagamento parcial em tal prazo, a multa e os honorários incidirão sobre o restante (art. 523, § 2º). Como já mencionado na dica 333, há divergência doutrinária a respeito desse prazo de 15 ser processual (contado em dias úteis) ou material (contado em dias corridos).

652

A petição de requerimento de pagamento voluntário da sentença que reconhece a exigibilidade de obrigação de pagar quantia, além de ser instruída com o demonstrativo discriminado e atualizado do crédito, deve indicar (art. 524):

I. o nome completo e o número de inscrição no CPF ou CNPJ das partes (observadas as regras de complementação com auxílio do juízo e seguimento do feito se não essenciais ou se excessivamente difíceis de obter);
II. o índice de correção monetária adotado;
III. os juros aplicados e as respectivas taxas;
IV. o termo inicial e o termo final dos juros e da correção monetária utilizados;
V. a periodicidade da capitalização dos juros (se o caso);
VI. especificação de eventuais descontos obrigatórios realizados;
VII. indicação dos bens passíveis de penhora, sempre que possível.

653

Quando o valor apontado no demonstrativo de crédito aparentemente exceder os limites da condenação, a execução será iniciada pelo valor pretendido, mas a penhora terá por base o montante que o juiz entender adequada (art. 524, § 1º). Para a verificação dos cálculos, o juiz poderá valer-se de contabilista do juízo, que terá o prazo máximo de 30 (trinta) dias para efetuá-la – ou outro que lhe for determinado (art. 524, § 2º).

654

Reforçou-se o valor da determinação judicial que insta a colaboração de outrem, destacando-se a grave consequência por sua violação. Quando a elaboração do demonstrativo do crédito depender de dados em poder de terceiros ou do executado, o juiz poderá requisitá-los sob cominação do crime de desobediência (art. 524, § 3º).

655

Quando a complementação do demonstrativo do crédito depender de dados adicionais que estejam em poder do executado, o juiz poderá, a requerimento do exequente, requisitá-los e fixar o prazo de até 30 (trinta) dias para o seu fornecimento. Se este não ocorrer, sem justificativa, no prazo designado, reputar-se-ão corretos os cálculos apresentados pelo exequente com base nos dados de que dispõe (art. 524, §§ 3º e 4º).

656

Em relação à defesa do executado no cumprimento de sentença, segue sendo cabível a impugnação – mas há importantes modificações. *Não há mais necessidade de penhora como requisito para a impugnação* (art. 525), que será apresentada em 15 dias, contados do término do prazo de 15 dias para pagamento voluntário previsto no art. 523.

657

Em relação às matérias de defesa, além das de praxe, o executado poderá arguir na impugnação: a) a incompetência (absoluta ou relativa) do juízo da execução (art. 525, § 1º, VI); b) O impedimento ou a suspeição do juiz (art. 525, § 2º).

658

Aperfeiçoou-se o regramento da discussão sobre o montante devido. Quando o executado alegar que o exequente pleiteia quantia superior à resultante da sentença, cumprir-lhe-á declarar de imediato o valor que entende correto, apresentando demonstrativo discriminado e atualizado de seu cálculo; se não apontar o valor correto ou não apresentar o demonstrativo, a impugnação será liminarmente rejeitada se o excesso de execução for o seu único fundamento; caso haja outro, a impugnação será processada, mas o juiz não examinará a alegação de excesso de execução (art. 525, §§ 4º e 5º).

659

O efeito da apresentação da impugnação vem regrada em dispositivos similares aos §§ 1º e 2º do art. 475-M do CPC/1973. O oferecimento de impugnação não impede a prática dos atos executivos, inclusive os de expropriação; contudo, o juiz pode, a requerimento do executado e desde que garantido o juízo com penhora, caução ou depósito suficientes, atribuir-lhe efeito suspensivo se: a) seus fundamentos forem relevantes e b) o seguimento da execução for manifestamente suscetível de causar ao executado grave dano de difícil ou incerta reparação (art. 525, §§ 5º e 6º).

660

Destaca-se que a concessão de efeito suspensivo não impedirá a efetivação dos atos de substituição, reforço ou redução da penhora e de avaliação dos bens (art. 525, § 7º).

661

A lei processual destaca não haver eficácia expansiva (objetiva ou subjetiva) no efeito suspensivo atribuído à impugnação. Quando o efeito suspensivo atribuído à impugnação disser respeito apenas a parte do objeto da execução, ela prosseguirá quanto à parte restante (art. 525, § 8º). A concessão de efeito suspensivo à impugnação deduzida por um dos executados não suspenderá a execução contra os que não impugnaram quando o respectivo fundamento disser respeito exclusivamente ao impugnante (art. 525, § 9º).

662

Persiste a regra (prevista no art. 475-M, § 3º, do CPC/1973) sobre o possível seguimento do feito executivo se prestada caução. Ainda que atribuído efeito suspensivo à impugnação, é lícito ao exequente requerer o prosseguimento da execução, oferecendo e prestando, nos próprios autos, caução suficiente e idônea a ser arbitrada pelo juiz (art. 525, § 10).

663

Questões referentes a fato superveniente ao fim do prazo para apresentar impugnação e à validade e à adequação da penhora, da avaliação e dos atos executivos subsequentes podem ser arguidas por simples petição; o executado tem, nesses casos, até 15 (quinze) dias para formular a arguição, sendo tal prazo contado da comprovada ciência do fato ou da intimação do ato (art. 525, § 11).

664

Há maior digressão sobre certo fundamento da impugnação: a inexequibilidade do título ou inexigibilidade da obrigação (art. 525, § 1º, III). Considera-se também inexigível a obrigação reconhecida em título executivo judicial fundado em lei ou ato normativo considerado inconstitucional pelo STF, ou fundado em aplicação ou interpretação da lei ou do ato normativo tido pelo STF como incompatível com a Constituição Federal, em controle de constitucionalidade concentrado ou difuso (art. 525, § 12). Neste caso, os efeitos da decisão do STF poderão ser modulados no tempo, em atenção à segurança jurídica (art. 525, § 13). A decisão do STF deve ser anterior ao trânsito em julgado da decisão exequenda; se tiver sido proferida após ele, caberá ação rescisória, cujo prazo será contado do trânsito em julgado da decisão proferida pelo STF (art. 525, §§ 14 e 15).

665

Há regra inovadora sobre o pagamento espontâneo por parte do demandado – que pode, antes de ser intimado para cumprir a sentença, comparecer em juízo e oferecer o valor que entender devido, apresentando memória discriminada do cálculo (art. 526).

666

O autor será ouvido sobre o pagamento feito pelo réu no prazo de 5 (cinco) dias. Se não se opuser, o juiz declarará satisfeita a obrigação e extinguirá o processo (art. 526, § 3º). Se não se der por satisfeito, poderá impugnar o valor depositado, sem prejuízo do levantamento do depósito a título de parcela incontroversa (art. 526, § 1º). Caso o juiz conclua ser insuficiente o depósito, incidirão sobre a diferença multa de dez por cento e honorários advocatícios, também fixados em dez por cento, seguindo-se a execução com penhora e atos subsequentes (art. 526, § 2º).

667

Destaca-se que as disposições do capítulo referente ao "cumprimento definitivo da sentença que reconhece a exigibilidade de obrigação de pagar quantia certa" são aplicáveis, no que couber, ao cumprimento provisório da sentença (art. 527).

CAPÍTULO IV – Do Cumprimento de Sentença que Reconheça a Exigibilidade de Obrigação de Prestar Alimentos

668

O regime de execução de alimentos, presente entre os arts. 732 e 734 do CPC/1973, foi objeto de aperfeiçoamento no Novo CPC. Reconhece-se no plano legislativo o rigor verificado na jurisprudência em termos de acolhimento das justificativas dos inadimplentes. Somente a comprovação de fato que gere a impossibilidade absoluta de pagar justificará o inadimplemento; não sendo reconhecida, a prisão será cumprida em regime fechado (e não em regime semiaberto, como chegou a se cogitar durante a tramitação do projeto de NCPC no Congresso), devendo o preso ficar separado dos presos comuns (art. 528, §§ 2º e 4º).

669

Buscou-se assegurar maior efetividade à ordem de desconto da pensão alimentícia. Quando o executado for funcionário público, militar, diretor ou gerente de empresa ou empregado sujeito à legislação do trabalho, ao deferir o desconto em folha, o juiz oficiará determinando, sob pena de crime de desobediência, o desconto a partir da primeira remuneração posterior do executado (art. 529, § 1º).

670

Inovando no sistema e deixando mais rígido o desconto daquele que recebe quantias, prevê o NCPC que, havendo débito, sem prejuízo do pagamento dos alimentos vincendos, o débito pode ser descontado de rendimentos ou rendas do executado. Isso desde que, de forma parcelada, o débito mais a parcela devida, não ultrapassem 50% dos ganhos líquidos do executado (art. 529, § 3º).

671

Verificada a conduta procrastinatória do executado, o juiz deverá, se for o caso, dar ciência ao Ministério Público dos indícios da prática do crime de abandono material (art. 532). A previsão tem um conteúdo pedagógico interessante; contudo, cabe refletir se criminalizar a situação é uma saída apropriada em relação àquele núcleo familiar.

CAPÍTULO V – Do Cumprimento de Sentença que Reconheça a Exigibilidade de Obrigação de Pagar Quantia Certa pela Fazenda Pública

672

De início, vale destacar que os pagamentos dos débitos do Estado são realizados via precatório, cuja regulamentação está no art. 100 da CF. Assim, o NCPC apenas enfrenta a tramitação, mas não o problema dos precatórios. Do outro lado, a execução do crédito tributário em favor da Fazenda Pública não está no NCPC, mas segue em lei extravagante (Lei 6.830/1980).

673

Em relação ao procedimento do cumprimento de sentença contra a Fazenda Pública, de início destaque-se que o NCPC passa a permitir o cumprimento de sentença (o que não existia no CPC/1973), porém, sem a multa pelo não pagamento no prazo de 15 dias (a multa do art. 523, § 1°, do NCPC).

674

Diante de condenação ao pagamento de quantia contra a Fazenda, deverá o exequente requerer o início do cumprimento de sentença, apresentando demonstrativo do débito que traga uma série de requisitos (previstos nos incisos do art. 534 e que repetem os requisitos já antes mencionados nos incisos do art. 524 – que trata do cumprimento de sentença entre particulares).

675

Não haverá penhora e a Fazenda Pública será intimada para, querendo, no prazo de 30 dias impugnar a execução (art. 535). O rol de matérias que podem ser alegadas na impugnação é limitado (está previsto nos incisos do art. 535 e basicamente repete as defesas já antes mencionadas nos incisos do art. 525, § 1° – que trata da impugnação entre particulares).

676

Ou seja, em grande parte há simetria entre o cumprimento de sentença e impugnação em relação à Fazenda (e, portanto, com grande repetição de artigos no NCPC), apenas existindo adequação quanto às particularidades envolvendo a Fazenda em juízo.

CAPÍTULO VI – Do Cumprimento de Sentença que Reconheça a Exigibilidade de Obrigação de Fazer, de Não Fazer ou de Entregar Coisa

677

Em linhas gerais, o tema já foi enfrentado quando da análise dos arts. 497 e ss. do NCPC. Assim, para evitar repetições, remete-se o leitor para as dicas ali expostas.

TÍTULO III – Dos Procedimentos Especiais

678

Deixam de existir os procedimentos especiais de nunciação de obra nova, venda a crédito com reserva de domínio e especialização de hipoteca legal. Há algumas regras diferenciadas sobre as ações possessórias; no mais, o regramento do CPC/1973 é praticamente repetido no NCPC.

CAPÍTULO I – Da Ação de Consignação em Pagamento

679

O procedimento para realizar a consignação segue o mesmo em relação ao previsto no CPC/1973, havendo pontuais mudanças.

680

Esclarece a lei processual que, pleiteado e deferido o depósito da quantia ou coisa devida, caso este não seja realizado no prazo de 5 dias, o processo será extinto sem resolução do mérito (art. 542, parágrafo único).

CAPÍTULO II – Da Ação de Exigir Contas

681

O NCPC altera o nome e o cabimento da tradicional "prestação de contas". A partir do novo cenário, a aplicação da medida só pode ser pleiteada por quem tem o direito de exigir as contas de outrem; não foi repetida a previsão sobre a possível promoção da demanda por quem tem a obrigação de prestá-las (CPC/1973, art. 914, II).

682

Os exíguos prazos de 5 dias para manifestação foram aumentados. Quem afirmar ser titular do direito de exigir contas requererá a citação do réu para que as preste ou ofereça contestação no prazo de 15 (quinze) dias (art. 550); prestadas as contas, o autor terá também 15 dias para se manifestar (art. 550, § 2º).

683

A lei processual passa a exigir mais especificidade e detalhamento. Na petição inicial, o autor especificará, detalhadamente, as razões pelas quais exige as contas, instruindo-a com documentos comprobatórios dessa necessidade, se existirem; a impugnação das contas apresentadas pelo réu deverá ser fundamentada e específica, com referência expressa ao lançamento questionado (art. 550, *caput* e § 3º).

684

Houve também a retirada do exíguo prazo de 48 horas para prestar contas: a decisão que julgar procedente o pedido condenará o réu a prestar as contas no prazo de 15 (quinze) dias, sob pena de não lhe ser lícito impugnar as que o autor apresentar (art. 550, § 5º). Apresentando o réu as contas em tal prazo, o feito terá regular procedimento, caso contrário, o autor as apresentará no prazo de 15 (quinze) dias, podendo o juiz determinar a realização de exame pericial, se necessário (art. 550, § 6º).

685

O Novo CPC não repete a criticada expressão "forma mercantil", optando por afirmar que as contas do réu serão apresentadas na forma adequada, especificando-se as receitas, a aplicação das despesas e os investimentos, se houver (art. 551). Se o autor apresentar impugnação específica e fundamentada, o juiz estabelecerá prazo razoável para que o réu apresente os documentos justificativos dos lançamentos individualmente impugnados (art. 550, § 1º).

CAPÍTULO III – Das Ações Possessórias

686

O regramento das demandas possessórias não sofreu significativas alterações, havendo pontuais normas que merecem destaque.

687

A regra da fungibilidade entre as medidas é mantida no art. 554, mas o artigo traz avanços ao especificar algumas situações potencialmente controvertidas. Na ação possessória em que figure no polo passivo grande número de pessoas, serão feitas a citação pessoal dos ocupantes que forem encontrados no local e a citação por edital dos demais, determinando-se a intimação do Ministério Público e, se envolver pessoas em situação de hipossuficiência econômica, da Defensoria Pública. Para tal citação pessoal, o oficial de justiça procurará os ocupantes no local por uma vez, citando-se por edital os que não forem encontrados (art. 554, § 2º). O juiz deverá determinar que se dê ampla publicidade da existência da iniciativa e dos prazos processuais, podendo, para tanto, valer-se de anúncios em jornal ou rádio locais, da publicação de cartazes na região do conflito e de outros meios (art. 554, § 3º).

688

A grande novidade no regramento é o investimento no meio consensual. Em litígio coletivo pela posse ou propriedade de imóvel, quando o esbulho ou a turbação afirmado tiver ocorrido há mais de ano e dia, o juiz, antes de apreciar o pedido de liminar, deverá designar audiência de mediação a realizar-se em até 30 dias (art. 565).

689

Se concedida, mas não executada a liminar possessória no prazo de 1 ano a contar da data de distribuição, caberá ao juiz designar audiência de mediação com a presença do Ministério Público (art. 565, §§ 1º e 2º).

690

Há previsão expressa sobre a possibilidade de inspeção judicial: O juiz poderá comparecer à área objeto do litígio quando sua presença se fizer necessária à efetivação da tutela jurisdicional (art. 565, § 3º). Embora tal medida possa ser realizada de ofício, também o advogado da parte poderá requerê-la (nos termos do art. 481) quando entender ser ela estrategicamente devida.

691

Os órgãos responsáveis pela política agrária e pela política urbana da União, de Estado/Distrito Federal e de Município onde se situe a área objeto do litígio, poderão ser intimados para a audiência, a fim de se manifestarem sobre seu interesse no processo e sobre a existência de possibilidade de solução para o conflito possessório (art. 565, § 4º).

CAPÍTULO IV – Da Ação de Divisão e da Demarcação de Terras Particulares

692

Pouca mudança houve no procedimento de tais demandas, que vem previsto entre os arts. 569 e 598. Foram devidamente retiradas do regramento processual as normas que tratavam do trabalho de campo dos técnicos (os arts. 960, 961, 975, 976 e 977 do CPC/1973 não foram repetidos no NCPC).

693

Atento às tendências de simplificação, valorização do consenso e "desjudicialização", o legislador destacou que a demarcação e a divisão poderão ser realizadas por escritura pública desde que maiores, capazes e concordes todos os interessados, observando-se, no que couber, os dispositivos do NCPC (art. 571).

694

Adveio também uma nova regra: tratando-se de imóvel georreferenciado, com averbação no registro de imóveis, pode o juiz dispensar a realização de prova pericial (art. 573).

695

Deixa de existir regra expressa sobre a cumulação de pedidos possessório e ressarcitório por não ter sido repetido o art. 951 do CPC/1973 ("O autor pode requerer a demarcação com queixa de esbulho ou turbação, formulando também o pedido de restituição do terreno invadido com os rendimentos que deu, ou a indenização dos danos pela usurpação verificada"). A cumulação, porém, segue sendo possível quanto ao pedido de reintegração porque, além de julgar procedente o pedido determinando o traçado da linha demarcanda, a sentença proferida na ação demarcatória determinará a restituição da área invadida, se houver, declarando o domínio ou a posse do prejudicado, ou ambos (art. 581, parágrafo único). À luz do contraditório e de outros princípios relevantes, o juiz não poderá decidir, obviamente, sem haver pedido do autor.

696

Ajustou-se a regra sobre citação: no CPC/1973 o art. 953 trazia questionável dispositivo sobre citação ficta. No novo cenário normativo, a citação dos réus será feita por correio, embora seja também prevista a publicação por edital (art. 576).

697

Retirou-se a exigência de nomeação de dois arbitradores e um agrimensor constante no art. 956 do CPC/1973. No regime do NCPC, antes de proferir a sentença, o juiz nomeará um ou mais peritos para levantar o traçado da linha demarcanda (art. 579).

698

No regramento da ação de divisão, é inovadora a previsão do art. 590: o juiz nomeará um ou mais peritos para promover a medição do imóvel e as operações de divisão, observada a legislação especial que dispõe sobre a identificação do imóvel rural. Segundo o parágrafo único, o perito deverá indicar as vias de comunicação existentes, as construções e as benfeitorias, com a indicação dos seus valores e dos respectivos proprietários e ocupantes, as águas principais que banham o imóvel e quaisquer outras informações que possam concorrer para facilitar a partilha.

699

Houve aumento de prazo: após ouvidas as partes sobre o cálculo e o plano da divisão não mais em 10, mas no prazo comum de 15 (quinze) dias, o juiz deliberará a partilha (art. 596).

CAPÍTULO V – Da Ação de Dissolução Parcial de Sociedade

700

O NCPC inova ao prever procedimento especial de dissolução parcial de sociedade entre os arts. 599 e 609. Além de dissolver a sociedade e apurar haveres, a demanda poderá ter um adicional objeto: a sociedade poderá formular pedido de indenização compensável com o valor dos haveres a apurar (art. 602).

701

A demanda de dissolução parcial de sociedade pode ter por objeto: I – a resolução da sociedade empresária contratual ou simples em relação ao sócio falecido, excluído ou que exerceu direito de retirada/recesso; e II – a apuração de haveres do sócio falecido, excluído ou que exerceu direito de retirada/recesso; ou III – somente a resolução ou a apuração de haveres (art. 599). Ela pode ter por objeto também a sociedade anônima de capital fechado quando demonstrado, por acionista ou acionistas que representem 5% ou mais do capital social, que não pode preencher o seu fim (art. 599, § 2º).

702

A ação de dissolução parcial de sociedade pode ser proposta: I – pelo espólio do sócio falecido, quando a totalidade dos sucessores não ingressar na sociedade; II – pelos sucessores, após concluída a partilha do sócio falecido; III – pela sociedade, se os sócios sobreviventes não admitirem o ingresso do espólio ou dos sucessores do falecido na sociedade, quando esse direito decorrer do contrato social; IV – pelo sócio que exerceu o direito de retirada ou recesso, se não tiver sido providenciada, pelos demais sócios, a alteração contratual consensual formalizando o desligamento, depois de transcorridos 10 (dez) dias do exercício do direito; V – pela sociedade, nos casos em que a lei não autoriza a exclusão extrajudicial; ou VI – pelo sócio excluído. Também o cônjuge ou companheiro do sócio cujo casamento, união estável ou convivência terminou poderá requerer a apuração de seus haveres na sociedade, que serão pagos à conta da quota social titulada por este sócio (art. 600 e parágrafo único).

703

Os sócios e a sociedade serão citados para, no prazo de 15 (quinze) dias, concordar com o pedido ou apresentar contestação; a sociedade não será citada se todos os seus sócios o forem, mas ficará sujeita aos efeitos da decisão e à coisa julgada (art. 601 e parágrafo único).

704

Se houver manifestação expressa e unânime pela concordância da dissolução, o juiz a decretará, passando-se imediatamente à fase de liquidação; nesse caso, não haverá condenação em honorários advocatícios de nenhuma das partes, e as custas serão rateadas segundo a participação das partes no capital social (art. 603 e § 1º). Se houver contestação, observar-se-á o procedimento comum, mas a liquidação da sentença seguirá o disposto no regramento específico (art. 603, § 2º).

705

Para apuração dos haveres, o juiz: I – fixará a data da resolução da sociedade; II – definirá o critério de apuração dos haveres à vista do disposto no contrato social; e III – nomeará o perito (art. 604). O juiz determinará à sociedade ou aos sócios que nela permanecerem que deposite em juízo a parte incontroversa dos haveres devidos; tal depósito poderá ser, desde logo, levantando pelo ex-sócio, pelo espólio ou pelos sucessores (§§ 1º e 2º).

706

A data da resolução da sociedade será: I – no caso de falecimento do sócio, a do óbito; II – na retirada imotivada, o sexagésimo dia seguinte ao do recebimento, pela sociedade, da notificação do sócio retirante; III – no recesso, o dia do recebimento, pela sociedade, da notificação do sócio dissidente; IV – na retirada por justa causa de sociedade por prazo determinado e na exclusão judicial de sócio, a do trânsito em julgado da decisão que dissolver a sociedade; e V – na exclusão extrajudicial, a data da assembleia ou da reunião de sócios que a tiver deliberado (art. 605).

707

Se omisso o contrato social, o juiz definirá, como critério de apuração de haveres, o valor patrimonial apurado em balanço de determinação, tomando-se por referência a data da resolução e avaliando-se bens e direitos do ativo, tangíveis e intangíveis, a preço de saída, além do passivo também a ser apurado de igual forma (art. 606). Em todos os casos em que seja necessária a realização de perícia, a nomeação do perito recairá preferencialmente sobre especialista em avaliação de sociedades (art. 606, parágrafo único).

708

A data da resolução e o critério de apuração de haveres podem ser revistos pelo juiz, a pedido da parte, a qualquer tempo antes do início da perícia (art. 607). Até a data da resolução, integram o valor devido ao ex-sócio, ao espólio ou aos sucessores a participação nos lucros ou os juros sobre o capital próprio declarados pela sociedade e, se for o caso, a remuneração como administrador (art. 608); após a data da resolução, o ex-sócio, o espólio ou os sucessores terão direito apenas à correção monetária dos valores apurados e aos juros contratuais ou legais (art. 608, parágrafo único).

709

Após apurados, os haveres do sócio retirante serão pagos conforme disciplinar o contrato social e, no silêncio deste, nos termos do § 2º do art. 1.031 do Código Civil (art. 609).

CAPÍTULO VI – Do Inventário e da Partilha

710

O regramento de inventário e partilha, presente entre os arts. 610 e 673 do NCPC, sofreu pontuais modificações em relação ao regime processual sucessório do CPC/1973.

711

Prevalece a previsão sobre a possibilidade de inventário extrajudicial no caso de herdeiros maiores, capazes e concordes (NCPC, art. 610). Menciona-se a necessária representação por advogado ou defensor público; por tal referência, e sobretudo pela previsão constitucional de assistência jurídica integral e gratuita, a gratuidade segue sendo possível, (a despeito da não repetição do art. 982, § 2º, do CPC/1973, segundo o qual a escritura e os demais atos notariais serão gratuitos àqueles que se declararem pobres sob as penas da lei).

712

Houve ajuste quanto à contagem do prazo para a instauração do inventário: este passa a ser de 2 meses após a abertura de sucessão (o NCPC, no art. 611, supera os 60 dias previstos no art. 983 do CPC/1973).

713

Em termos de remessa às vias ordinárias, houve um ajuste: atendendo a críticas doutrinárias e entendimentos jurisprudenciais, retirou-se a menção a questões de alta indagação prevista no art. 984 do CPC/1973. Nos termos do art. 612 do NCPC, o juiz decidirá todas as questões de direito desde que os fatos relevantes estejam provados por documento, só remetendo para as vias ordinárias as questões que dependerem de outras provas.

714

O companheiro passa a ser reconhecido expressamente, ao lado do cônjuge, como importante interessado no inventário e na partilha; ele tem legitimidade para requerer o inventário e ser nomeado como inventariante (NCPC, arts. 616, I e 617).

715

Posicionando-se em relação à polêmica divergência jurisprudencial, o NCPC expressa que pode ser nomeado inventariante o herdeiro menor, por seu representante (art. 617, IV).

716

Ao tratar das primeiras declarações, o NCPC inova ao contemplar em norma o que já vinha sendo aplicado na prática: elas podem ser prestadas mediante petição, firmada por procurador com poderes especiais, à qual o termo se reportará (art. 620, § 2º).

717

O NCPC aprimora a regra sobre a remoção do inventariante, dispondo que ela poderá se verificar não só a requerimento, mas também de ofício (art. 622). O prazo para defesa, nesse caso, aumentou de 5 para 15 dias (art. 623); caso entenda pertinente a remoção do inventariante, o juiz poderá fixar multa de até três por cento do valor dos bens inventariados (art. 625).

718

Ajustou-se a regra sobre citação dos herdeiros: no CPC/1973 o art. 999 trazia questionável dispositivo sobre a citação ficta de quem vivesse fora da comarca. No novo cenário normativo, a citação será feita por correio, embora seja também prevista a publicação por edital (art. 626, § 1º).

719

Houve uniformização dos prazos em 15 dias. O lapso para que os interessados se manifestem em diversos momentos da tramitação do inventário passou de 10 (CPC/1973, arts. 1000, 1001, 1009 e 1012) para 15 dias (NCPC, arts. 627, 628 § 1º, 635 e 637); a Fazenda, que tinha 20, passa a ter 15 dias para informar ao juízo, de acordo com os dados que constam de seu cadastro imobiliário, o valor dos bens de raiz descritos nas primeiras declarações. (art. 629).

720

Na seção do pagamento das dívidas, foi acrescentada uma nova regra: os donatários serão chamados a se pronunciar sobre a aprovação das dívidas sempre que haja possibilidade de resultar delas a redução das liberalidades (art. 642, § 5º).

721

Há inovadora e interessante previsão sobre a fruição antecipada de bens por herdeiro. O juiz poderá, em decisão fundamentada, deferir antecipadamente a qualquer dos herdeiros o exercício dos direitos de usar e de fruir de determinado bem, com a condição de que, ao término do inventário, tal bem integre a cota desse herdeiro, cabendo a este, desde o deferimento, todos os ônus e bônus decorrentes do exercício daqueles direitos (art. 647, parágrafo único).

722

Em regra mais detalhada do que a prevista no art. 2.017 do Código Civil, o NCPC dispõe que na partilha serão observadas as seguintes regras: I – máxima igualdade possível quanto ao valor, à natureza e à qualidade dos bens; II – prevenção de litígios futuros; III – máxima comodidade dos coerdeiros, do cônjuge ou do companheiro, se for o caso (art. 648).

723

Em termos de partilha, há duas novas previsões: os bens insuscetíveis de divisão cômoda que não couberem na parte do cônjuge ou companheiro supérstite ou no quinhão de um só herdeiro serão licitados entre os interessados ou vendidos judicialmente, partilhando-se o valor apurado, salvo se houver acordo para que sejam adjudicados a todos (art. 649); se um dos interessados for nascituro, o quinhão que lhe caberá será reservado em poder do inventariante até o seu nascimento (art. 650).

724

Após dispor sobre o pagamento dos tributos, o NCPC traz uma pioneira e importante disposição: a existência de dívida para com a Fazenda Pública não impedirá o julgamento da partilha, desde que o seu pagamento esteja devidamente garantido (art. 654, parágrafo único). Em atenção à isonomia e ao acesso à justiça dos hipossuficientes, é cabível dispensa de garantia quando estes não puderem prestá-la (à luz da lógica exposta na parte final do art. 300, § 1º e do art. 678, parágrafo único).

725

Na seção do arrolamento, houve um interessante ajuste: ao invés de falar em pagamento de tributos certificado pela Fazenda (CPC/1973, art. 1.031, § 2º), o NCPC passou a assim dispor: transitada em julgado a sentença de homologação de partilha ou de adjudicação, será lavrado o formal de partilha ou elaborada a carta de adjudicação e, em seguida, serão expedidos os alvarás referentes aos bens e às rendas por ele abrangidos, intimando-se o fisco para lançamento administrativo do imposto de transmissão e de outros tributos porventura incidentes, conforme dispuser a legislação tributária (art. 659, § 2º).

726

Foi retirada, finalmente, a defasada referência em OTNs ligada ao arrolamento; quando o valor dos bens do espólio for igual ou inferior a 1.000 (mil) salários mínimos, o inventário processar-se-á na forma de arrolamento, cabendo ao inventariante nomeado, independentemente de assinatura de termo de compromisso, apresentar, com suas declarações, a atribuição de valor aos bens do espólio e o plano da partilha (art. 664).

727

Outra novidade é a possibilidade de haver arrolamento mesmo ante a presença de herdeiro incapaz: o inventário poderá ser processado nesta modalidade desde que concordem todas as partes e o Ministério Público (art. 665).

728

Foi aprimorada a previsão sobre a possibilidade de cumulação de inventários para a partilha de heranças de pessoas diversas, que é reconhecida como viável se houver: I – identidade de pessoas entre as quais devam ser repartidos os bens; II – heranças deixadas pelos dois cônjuges ou companheiros; III – dependência de uma das partilhas em relação à outra; neste último caso, se a dependência for parcial, por haver outros bens, o juiz pode ordenar a tramitação separada, se melhor convier ao interesse das partes ou à celeridade processual (art. 672 e parágrafo único).

CAPÍTULO VII – Dos Embargos de Terceiro

729

O regramento dos embargos de terceiro, que foi levemente alterado, consta entre os arts. 674 e 681.

730

Além de serem cabíveis em prol de possuidor e/ou proprietário, os embargos de terceiro passam a ser oponíveis em favor do terceiro titular de bens sobre os quais tenha direito que se revele incompatível com o ato constritivo; o pedido poderá ser de desfazimento ou inibição do ato (art. 674).

731

A lei processual explicita quem é considerado terceiro apto a ajuizar tais embargos: I – o cônjuge ou companheiro, quando defende a posse de bens próprios ou de sua meação (ressalvada a penhora de bem indivisível); II – o adquirente de bens cuja constrição decorreu de decisão que declara a ineficácia da alienação realizada em fraude à execução; III – quem sofre constrição judicial de seus bens por força de desconsideração da personalidade jurídica, de cujo incidente não fez parte; IV – o credor com garantia real para obstar expropriação judicial do objeto de direito real de garantia, caso não tenha sido intimado, nos termos legais dos atos expropriatórios respectivos (art. 674, § 2º).

732

Uma novidade é a potencial iniciativa do magistrado para a oposição de embargos de terceiro: caso identifique a existência de terceiro titular de interesse em embargar o ato, o juiz mandará intimá-lo pessoalmente (art. 675, parágrafo único).

733

A lei processual esclarece que nos casos de ato de constrição realizado por carta, os embargos serão oferecidos no juízo deprecado, salvo se indicado pelo juízo deprecante o bem constrito ou se já devolvida a carta (art. 676, parágrafo único).

734

Em previsão didática, o NCPC explicita que será legitimado passivo nos embargos de terceiro o sujeito a quem o ato de constrição aproveita, assim como o será seu adversário no processo principal quando for sua a indicação do bem para a constrição judicial (art. 677, § 4º).

735

Há maior explicitação sobre a decisão de procedência dos embargos: ao reconhecer suficientemente provado o domínio ou a posse, ela determinará a suspensão das medidas constritivas sobre os bens litigiosos objeto dos embargos, bem como a manutenção ou a reintegração provisória da posse, se o embargante a houver requerido (art. 678). O juiz poderá condicionar a ordem de manutenção ou de reintegração provisória de posse à prestação de caução pelo requerente, ressalvada a impossibilidade da parte economicamente hipossuficiente (art. 678, parágrafo único).

736

O prazo de contestação dos embargos de terceiro passa de 10 dias (CPC/1973, art. 1.053) para 15 dias (NCPC, art. 679).

737

Acolhido o pedido inicial dos embargos de terceiro, o ato de constrição judicial indevida será cancelado, com o reconhecimento do domínio, da manutenção da posse ou da reintegração definitiva do bem ou do direito ao embargante (art. 681).

CAPÍTULO VIII – Da Oposição

738

A oposição, considerada modalidade de intervenção de terceiros no CPC/1973 (arts. 56 a 61), passa a ser um procedimento especial no NCPC (arts. 682 a 686). Seu cabimento segue o mesmo: quem pretender, no todo ou em parte, a coisa ou o direito sobre que controvertem autor e réu poderá, até ser proferida a sentença, oferecer oposição contra ambos (art. 682).

739

O regramento permanece o mesmo do sistema anterior: a oposição segue tendo natureza de ação, sendo distribuída por dependência e com citação dos opostos na pessoa de seus advogados para contestar em 15 dias (art. 683).

740

Como no sistema do CPC/1973, admitido o processamento, a oposição será apensada aos autos e tramitará simultaneamente à ação originária, sendo ambas julgadas pela mesma sentença (art. 685). Contudo, se a oposição for proposta após o início da audiência de instrução, o juiz suspenderá o curso do processo ao fim da produção das provas, salvo se concluir que a unidade da instrução atende melhor ao princípio da duração razoável do processo (art. 685, parágrafo único).

CAPÍTULO IX – Da Habilitação

741

A habilitação, procedimento para regularizar o feito após a morte de uma das partes, foi objeto de poucos ajustes no NCPC, que traz seu regramento entre os arts. 687 e 692.

742

A novidade está na explicitação do procedimento da habilitação: recebida a petição, o juiz ordenará a citação dos requeridos para se pronunciarem no prazo de 5 (cinco) dias (art. 690); a citação será pessoal se a parte não tiver procurador constituído nos autos (art. 690, parágrafo único).

743

Há também explicitação sobre a decisão: o juiz decidirá o pedido de habilitação imediatamente, salvo se este for impugnado e houver necessidade de dilação probatória diversa da documental, caso em que determinará que o pedido seja autuado em apartado e disporá sobre a instrução (art. 691). Transitada em julgado a sentença de habilitação, o processo principal retomará o seu curso e uma cópia da sentença será juntada aos autos respectivos (art. 692).

CAPÍTULO X – Das Ações de Família

744

De modo pioneiro, o NCPC destaca uma seção própria às demandas familiares. Há previsões em disposições gerais (arts. 693 a 699) e específicas (divórcio, separação, reconhecimento/extinção de união estável e alteração de regime de bens: arts. 731 a 734).

745

De modo coerente com o fomento à autocomposição presente em todo o NCPC, destaca-se o empreendimento de esforços em prol da adoção de meios consensuais na abordagem da controvérsia familiar; para tanto, a lei destaca que o juiz deve dispor do auxílio de profissionais de outras áreas de conhecimento para a mediação e a conciliação (NCPC, art. 694).

746

A lei processual ressalta a possibilidade de suspensão do processo enquanto houver mediação extrajudicial ou atendimento multidisciplinar (art. 694, parágrafo único). A Lei de Mediação, por seu turno, destaca a necessidade de suspensão: havendo processo em curso, as partes poderão submeter-se à mediação, hipótese em que requererão ao juiz a suspensão do feito por prazo suficiente para a solução consensual do litígio (Lei 13.140/2015, art. 16). Após dispor ser irrecorrível a decisão que suspende o processo nos termos requeridos de comum acordo pelas partes, a lei afirma que a suspensão não obsta o deferimento de medidas urgentes pelo juiz (Lei 13.140/2015, art. 16 §§ 1° e 2°).

747

Uma regra específica do NCPC dispõe que o réu será citado para comparecer à audiência de conciliação ou mediação sem receber cópia da petição inicial; o mandado conterá apenas os dados necessários à audiência, sendo assegurado ao réu o direito de examinar o conteúdo da inicial a qualquer tempo (art. 695, § 1º). A previsão tem ensejado críticas pela inconstitucionalidade que encerra ao violar garantias processuais como o contraditório, a ampla defesa e a isonomia; ela também viola o princípio da decisão informada, diretriz pela qual o jurisdicionado precisa conhecer o contexto fático em que está inserido. Na Lei de Mediação não há previsão semelhante quanto à tal omissão de informações.

748

A citação para a demanda familiar, que será feita na pessoa do réu, ocorrerá com antecedência mínima de 15 (quinze) dias da data designada para a audiência de mediação ou conciliação; em tal ato as partes deverão estar acompanhadas de seus advogados ou de defensores públicos (art. 695, §§ 2º, 3º e 4º). Na mesma linha, consta na Lei de Mediação que no procedimento judicial as partes deverão ser assistidas por advogados ou defensores públicos (Lei 13.140/2015, art. 26). Na mediação extrajudicial, porém, há faculdade para as partes em termos de patrocínio: elas poderão ser assistidas por advogados ou defensores públicos (Lei 13.140/2015, art. 10) – não há dever nesse sentido.

749

A lei processual esclarece que, uma vez adotada a via consensual, a mediação ou a conciliação poderá se dividir em tantas sessões quantas sejam necessárias para viabilizar a solução consensual; obviamente a iniciativa se verificará sem prejuízo de providências jurisdicionais para evitar o perecimento do direito (art. 696). A previsão é coerente com outras regras do ordenamento (NCPC, art. 334 § 2º; Lei 13.140/2015, art. 28). Como a dinâmica consensual demanda a abordagem cuidadosa dos interesses das partes, é importante haver tempo para reflexões e geração de propostas.

750

O Ministério Público, que somente intervirá quando houver interesse de incapaz, deverá ser ouvido previamente à homologação de acordo (art. 698). Há previsão similar na Lei de Mediação: o consenso das partes sobre temática que envolve direitos indisponíveis, mas transigíveis, deve ser homologado em juízo, sendo exigida a oitiva do Ministério Público (Lei 13.140/2015, art. 3º § 2º).

751

Havendo, no processo familiar, a discussão sobre fato relacionado a abuso de incapaz ou a alienação parental, o juiz, ao tomar o depoimento do incapaz, deverá estar acompanhado por especialista (art. 699). Embora a lei não tenha explicitado a área de formação de tal especialista, usualmente considera-se que ele possa ser da seara da psicologia ou da assistência social.

CAPÍTULO XI – Da Ação Monitória

752

A ação monitória foi objeto de significativas alterações em relação ao sistema do CPC/1973. O cabimento da ação monitória foi ampliado: além de admissível para exigir do devedor capaz o pagamento de quantia em dinheiro e entrega de coisa fungível ou bem móvel, ela passa a ser viável para a entrega de coisas infungíveis, bens imóveis e o adimplemento de obrigação de fazer ou de não fazer (art. 700, II e III).

753

Além da clássica prova escrita sem eficácia de título executivo, pode-se viabilizar o uso da ação monitória por meio da prova oral documentada produzida antecipadamente nos termos do art. 381 do NCPC (art. 700, § 1º).

754

Na petição inicial da ação monitória, incumbe ao autor explicitar, conforme o caso: I – a importância devida, instruindo-a com memória de cálculo; II – o valor atual da coisa reclamada; III – o conteúdo patrimonial em discussão ou o proveito econômico perseguido (art. 700, § 2º), sob pena de indeferimento (art. 700, § 4º).

755

Havendo dúvida quanto à idoneidade de prova documental apresentada pelo autor, o juiz o intimará para, querendo, emendar a petição inicial, adaptando-a ao procedimento comum (art. 700, § 5º). A previsão é salutar por permitir o aproveitamento do processo, evitando-se o indeferimento sem resolução do mérito.

756

Esclarece o NCPC ser admissível ação monitória em face da Fazenda Pública (art. 700, § 6º); sendo a ré Fazenda Pública, não apresentados embargos serão aplicadas as regras do reexame necessário, observando-se a seguir, no que couber, o cumprimento de sentença (art. 701, § 4º).

757

Na ação monitória cabe a citação do réu por qualquer dos meios permitidos para o procedimento comum (art. 700, § 7º). Sendo evidente o direito do autor, o juiz deferirá a expedição de mandado de pagamento, de entrega de coisa ou para execução de obrigação de fazer ou de não fazer, concedendo ao réu prazo de 15 (quinze) dias para o cumprimento e o pagamento de honorários advocatícios de cinco por cento do valor atribuído à causa (art. 701).

758

Constituir-se-á de pleno direito o título executivo judicial, independentemente de qualquer formalidade, se não realizado o pagamento e não apresentados embargos, observando-se, no que couber, o procedimento do cumprimento de sentença (art. 701, § 2º); verificada tal hipótese, cabe ação rescisória da decisão de deferimento da expedição do mandado de pagamento (art. 701, § 3º).

759

É cabível, na ação monitória, o pedido de parcelamento da dívida previsto no art. 916 do NCPC (art. 701, § 5º).

760

Os embargos à ação monitória podem se fundar em matéria passível de alegação como defesa no procedimento comum (art. 702, § 1º). Quando o réu alegar que o autor pleiteia quantia superior à devida, deverá declarar de imediato o valor que entende correto, apresentando demonstrativo discriminado e atualizado da dívida; se não o fizer, os embargos serão liminarmente rejeitados, se esse for o seu único fundamento, e, se houver outro fundamento, os embargos serão processados, mas o juiz deixará de examinar a alegação de excesso (art. 702, §§ 2º e 3º).

761

O autor será intimado para responder aos embargos no prazo de 15 (quinze) dias (art. 702, § 5º); na ação monitória admite-se a reconvenção, mas é vedado o oferecimento de reconvenção à reconvenção (art. 702, § 6º).

762

A critério do juiz, os embargos serão autuados em apartado, se parciais, constituindo-se de pleno direito o título executivo judicial em relação à parcela incontroversa (art. 702, § 7º).

763

Cabe apelação contra a sentença que acolhe ou rejeita os embargos (art. 702, § 9º).

764

O art. 700, § 4º, do NCPC (diferentemente do art. 1.102-C do CPC/1973) determina que os embargos monitórios somente suspendem a ação monitória até o julgamento de primeiro grau. Daí porque pode se concluir que, de forma distinta da regra geral de duplo efeito no NCPC, o recurso de apelação da sentença da monitória será recebido sem efeito suspensivo (Nesse sentido, a posição do Ceapro – Centro de Estudos Avançados de Processo, mas resta verificar como será o entendimento jurisprudencial).

765

O juiz condenará a pagar multa de até 10% sobre o valor da causa: a) o autor de ação monitória proposta indevidamente e de má-fé, em favor do réu (art. 702, § 10); b) o réu que de má-fé opuser embargos à ação monitória, em favor do autor.

CAPÍTULO XII – Da Homologação do Penhor Legal

766

O procedimento de homologação do penhor legal foi contemplado uma vez mais entre os procedimentos especiais; desta vez, porém, deixou a seara da jurisdição voluntária, onde era reputado indevidamente incluído, para integrar as previsões ligadas à jurisdição contenciosa entre os arts. 703 e 706.

767

O penhor legal nada mais é do que uma situação em que o próprio credor pode reter um bem como garantia de débito (o referido "penhor legal") mesmo sem convenção nesse sentido ou intervenção inicial do Poder Judiciário. Como típico exemplo, o dono de hotel que pode reter a bagagem do hóspede que não para a hospedagem (CC, art. 1.467, I). Assim, após reter o bem, deverá o credor dar início à homologação desse penhor legal.

768

Em iniciativa coerente com a tendência de "desjudicialização de conflitos", o NCPC prevê que a homologação do penhor legal poderá ser promovida pela via extrajudicial mediante requerimento, que conterá os requisitos previstos no § 1° do art. 703, do credor a notário de sua livre escolha (art. 703, § 2°).

769

Recebido o requerimento do interessado, o notário promoverá a notificação extrajudicial do devedor para, no prazo de 5 (cinco) dias, pagar o débito ou impugnar sua cobrança, hipótese em que o procedimento será encaminhado ao juízo competente para decisão. Transcorrido o prazo sem manifestação do devedor, o notário formalizará a homologação do penhor legal por escritura pública (art. 703, §§ 3° e 4°).

CAPÍTULO XIII – Da Regulação de Avaria Grossa

770

Para versar sobre temática inerente ao Direito Marítimo, a regulação de avaria grossa é contemplada de maneira pioneira entre os arts. 707 e 711 do NCPC.

771

Como a maior parte das situações problemáticas ligadas aos acidentes de navios são resolvidas consensualmente, a proposta é que as previsões da regulação da avaria grossa sejam usadas diante de impasses quanto ao destino de embarcações que tiveram problemas de navegação. Assim, quando inexistir consenso acerca da nomeação de um regulador de avarias, o juiz de direito da comarca do primeiro porto onde o navio houver chegado, provocado por qualquer parte interessada, nomeará um de notório conhecimento (art. 707).

772

O regulador declarará justificadamente se os danos são passíveis de rateio na forma de avaria grossa e exigirá das partes envolvidas a apresentação de garantias idôneas para que possam ser liberadas as cargas aos consignatários (art. 708).

773

As partes deverão apresentar nos autos os documentos necessários à regulação da avaria grossa em prazo razoável a ser fixado pelo regulador (art. 709).

774

Oferecido o regulamento da avaria grossa, dele terão vista as partes pelo prazo comum de 15 (quinze) dias, e, não havendo impugnação, o regulamento será homologado por sentença (art. 710, § 1º). Se houver impugnação ao regulamento, o juiz decidirá no prazo de 10 (dez) dias, após a oitiva do regulador (art. 710, § 2º).

CAPÍTULO XIV – Da Restauração de Autos

775

A restauração de autos, procedimento para superar o desaparecimento de petições e documentos relativos ao trâmite da demanda, foi objeto de mínimo ajuste no NCPC, que traz seu regramento entre os arts. 712 e 718.

776

Em termos de iniciativa, destaca-se que não só as partes, mas também o juiz (de ofício) ou o Ministério Público pode promover a restauração dos autos, eletrônicos ou não, se for o caso (art. 712). No mais, o regramento do procedimento é similar ao existente no CPC/1973 (arts. 1063 a 1069).

CAPÍTULO XV – Dos Procedimentos de Jurisdição Voluntária

777

Objeto de um capítulo específico, os procedimentos de jurisdição voluntária contam com 12 seções que ocupam o lapso entre os arts. 719 e 770.

SEÇÃO I – Disposições Gerais

778

Em termos de disposições gerais (arts. 719 a 725), não houve significativas alterações em relação ao sistema do CPC/1973 (arts. 1.103 a 1.112).

779

Excluiu-se a indevida menção a citação do Ministério Público, que na realidade sempre foi intimado, e o prazo para manifestação dos interessados citados passou de 10 para 15 dias (art. 721).

780

O NCPC deixa de repetir a regra do art. 1.111 do CPC/1973, segundo a qual a sentença poderia ser modificada, sem prejuízo dos efeitos já produzidos, se ocorridas circunstâncias supervenientes.

SEÇÃO II – Da Notificação e da Interpelação

781

Na seção específica a tais atos de manifestação de vontade, prevista entre os arts. 726 e 729, deixa de haver destaque ao protesto judicial; este deixa de compor o nome da seção, só recebendo breve menção em um dispositivo (art. 726, § 2º).

782

O NCPC aperfeiçoa o regramento da notificação, explicitando-a com mais elementos. Segundo o art. 726, quem tiver interesse em manifestar formalmente sua vontade a outrem sobre assunto juridicamente relevante poderá notificar as pessoas participantes da mesma relação jurídica para lhes dar ciência de seu propósito. Se a pretensão for dar conhecimento geral ao público, mediante edital, o juiz só a deferirá se a tiver por fundada e necessária ao resguardo de direito (art. 726, § 1º).

783

Caberá interpelação para o interessado instar o requerido a fazer ou deixar de fazer o que o requerente entenda ser de seu direito (art. 727).

784

O NCPC traz importante previsão para assegurar o contraditório, corrigindo omissão do sistema do CPC/1973. O requerido será previamente ouvido antes do deferimento da notificação ou do respectivo edital: I – se houver suspeita de que o requerente, por meio da notificação ou do edital, pretende alcançar fim ilícito; II – se tiver sido requerida a averbação da notificação em registro público (art. 728).

SEÇÃO III – Da Alienação Judicial

785

A alienação judicial, objeto de diversos dispositivos no CPC/1973 (arts. 1.113 a 1.119), passa a contar com apenas uma previsão no NCPC. Nos casos expressos em lei, não havendo acordo entre os interessados sobre o modo como se deve realizar a alienação do bem, o juiz, de ofício ou a requerimento dos interessados ou do depositário, mandará aliená-lo em leilão, observando-se as disposições gerais sobre jurisdição voluntária, no que couber, as regras sobre alienação de bens nos processos executivos (art. 730).

SEÇÃO IV – Do Divórcio e da Separação Consensuais, da Extinção Consensual de União Estável e da Alteração do Regime de Bens do Matrimônio

786

A seção, que ocupa dos arts. 731 ao 734, é pioneira ao incluir o regramento de específicas demandas familiares, já que o CPC/1973 só regrava a separação consensual (arts. 1.120 a 1.124-A).

787

A previsão da separação judicial no NCPC é de duvidosa constitucionalidade e utilidade: como ela foi excluída do art. 226, § 6º, da Constituição Federal por força da Emenda Constitucional 66/2010, doutrina e jurisprudência (inclusive do STJ) vêm desde então reconhecendo a falta de interesse de agir em sua postulação.

788

As disposições relativas ao processo de homologação judicial de divórcio e separação consensuais aplicam-se, no que couber, à homologação da extinção consensual de união estável (art. 732).

789

O regramento deixa de prever a audiência de ratificação prevista no art. 1.122 do CPC/1973, retratando concepção alinhada a entendimentos doutrinários e jurisprudenciais sobre sua desnecessidade em respeito à autonomia do casal.

790

Ao mencionar a possibilidade de separação, divórcio e extinção de união estável consensuais pela via extrajudicial, esclarece-se que a escritura independe de homologação judicial e constitui título hábil para qualquer ato de registro, bem como para levantamento de importância depositada em instituições financeiras (art. 733, § 1º).

791

A previsão sobre a alteração do regime de bens do casamento dispõe que o juiz, ao receber a petição inicial, determinará a intimação do Ministério Público e a publicação de edital que divulgue a pretendida alteração de bens, somente podendo decidir depois de decorrido o prazo de 30 (trinta) dias da publicação do edital (art. 734, § 1º). Trata-se de formalidade ausente no regime anterior que pode ensejar demora adicional injustificável no feito.

792

Os cônjuges podem, na petição inicial ou em petição avulsa, propor ao juiz meio alternativo de divulgação da alteração do regime de bens, a fim de resguardar direitos de terceiros (art. 734, § 2º).

SEÇÃO V – Dos Testamentos e dos Codicilos

793

O regramento sobre testamentos e codicilos encontra-se entre os arts. 735 e 737 do NCPC e não revela grandes mudanças em relação ao sistema do CPC/1973 (arts. 1.125 a 1.141).

794

Passa a constar na lei processual que se não houver testamenteiro nomeado ou se ele estiver ausente ou não aceitar o encargo, o juiz nomeará testamenteiro dativo, observando-se a preferência legal (art. 735, § 4º). O testamenteiro deverá cumprir as disposições testamentárias e prestar contas em juízo do que recebeu e despendeu, observando-se o disposto em lei (art. 735, § 5º).

795

O novo regime traz uma simplificação apta a promover celeridade: serão intimados para se manifestar sobre a publicação do testamento particular apenas os herdeiros que não tiverem formulado tal pedido (art. 737, § 1º) e não mais eventuais interessados e MP (mencionados no sistema do CPC/1973 (art. 1.131).

796

Verificando a presença dos requisitos da lei, ouvido o Ministério Público, o juiz confirmará o testamento (art. 737, § 2º). O NCPC não repetiu a regra sobre a necessidade de inquirição de testemunhas e oitiva de interessados, prevista no art. 1.132 do CPC/1973, no prazo comum de 5 (cinco) dias.

797

Deixa de haver regras específicas sobre certas modalidades de testamento e sobre sua execução: limita-se o NCPC a dizer que as regras previstas aplicam-se ao codicilo e aos testamentos marítimo, aeronáutico, militar e nuncupativo (art. 737, § 3º) e que o cumprimento do testamento observará o disposto nos parágrafos do art. 735 (art. 737, § 4º).

SEÇÃO VI – Da Herança Jacente

798

O regramento sobre a herança jacente, previsto entre os arts. 738 e 743 do NCPC, não revela mudanças significativas em relação à sistemática do CPC/1973 (disposta entre os arts. 1.142 e 1.158).

799

A arrecadação dos bens da herança jacente sofreu algumas alterações. O juiz ordenará que o oficial de justiça, acompanhado do escrivão (ou do chefe de secretaria) e do curador, arrole os bens e descreva-os em auto circunstanciado; tal previsão, que consta no art. 740 do NCPC, é uma adaptação da que determinava a presença do juiz em tal ato (art. 1.143 do CPC/1973). Não foram repetidas as regras a) sobre a intimação do Ministério Público e da Fazenda Pública para assistir à arrecadação (CPC/1973, art. 1.145, § 2º); b) sobre a polícia ser chamada a atuar em certas hipóteses (CPC/1973, art. 1.148).

800

Ampliam-se os veículos para dar publicidade ao avanço do procedimento: ultimada a arrecadação, o juiz mandará expedir edital, que será publicado na rede mundial de computadores, no sítio do tribunal a que estiver vinculado o juízo e na plataforma de editais do Conselho Nacional de Justiça, onde permanecerá por 3 (três) meses, ou, não havendo sítio, no órgão oficial e na imprensa da comarca, por 3 (três) vezes com intervalos de 1 (um) mês, para que os sucessores do falecido venham a habilitar-se no prazo de 6 (seis) meses contado da primeira publicação (NCPC, art. 741).

SEÇÃO VII – Dos Bens dos Ausentes e SEÇÃO VIII – Das Coisas Vagas

801

O regramento sobre bens dos ausentes e coisas vagas consta entre os arts. 744 e 746 do NCPC. Há menos previsões que no regramento do CPC/1973 (arts. 1.159 a 1.176) porque neste há regras de direito material que não foram repetidas no Novo Código.

802

Ampliam-se os veículos de publicidade: feita a arrecadação, o juiz mandará publicar editais na rede mundial de computadores, no sítio do tribunal a que estiver vinculado e na plataforma de editais do Conselho Nacional de Justiça, onde permanecerá por 1 (um) ano, ou, não havendo sítio, no órgão oficial e na imprensa da comarca, durante 1 (um) ano, reproduzida de 2 (dois) em 2 (dois) meses, anunciando a arrecadação e chamando o ausente a entrar na posse de seus bens (NCPC, art. 745).

803

Regressando o ausente ou algum de seus descendentes ou ascendentes para requerer ao juiz a entrega de bens, serão citados para contestar o pedido os sucessores provisórios ou definitivos, o Ministério Público e o representante da Fazenda Pública, seguindo-se o procedimento comum (NCPC, art. 745, § 4º).

804

No regramento das coisas vagas também há maior zelo com a publicidade, exigindo-se o uso de variados veículos de comunicação. Depositada a coisa, o juiz mandará publicar edital na rede mundial de computadores, no sítio do tribunal a que estiver vinculado e na plataforma de editais do Conselho Nacional de Justiça ou, não havendo sítio, no órgão oficial e na imprensa da comarca, para que o dono ou o legítimo possuidor a reclame, salvo se se tratar de coisa de pequeno valor e não for possível a publicação no sítio do tribunal, caso em que o edital será apenas afixado no átrio do edifício do fórum (NCPC, art. 746, § 2º).

SEÇÃO IX – Da Interdição

805

O regramento da interdição, constante entre os arts. 747 a 758 do NCPC, apresentou ajustes interessantes em relação ao previsto no CPC/1973. Houve mudança na nomenclatura, sendo retirada a tradicional menção à "curatela dos interditos". A temática, porém, sofreu grande impacto pelo advento do Estatuto da Pessoa com Deficiência (EPD – Lei 13.146/2015), que começou a vigorar em janeiro de 2016. A palavra interdição não foi mencionada, havendo referências à expressão curatela: segundo seu art. 84, § 1°, "quando necessário, a pessoa com deficiência será submetida à curatela, conforme a lei".

806

O art. 1.072, II, do NCPC revogou dispositivos do Código Civil (arts. 1.768 a 1.773) para que o processo de interdição fosse plenamente regulado pela lei processual, mas o Estatuto da Pessoa com Deficiência promoveu alterações nestas regras. A interação entre normas do CC, do EPD e do NCPC é controvertida e tende a ensejar intensos debates. Como o EPD não revogou o art. 1.072, II, do Novo Código, pode-se concluir, em uma primeira análise, que as mudanças realizadas pelo Estatuto da Deficiência no Código Civil deixaram de ter efeitos com a entrada em vigor do NCPC desde março de 2016. O tema é objeto de polêmica doutrinária e suscitará dúvidas até que o STJ delimite o âmbito de aplicação dos dispositivos. Merece destaque ainda a notícia da existência de um projeto de lei do Senado (de autoria dos Senadores Antonio Carlos Valadares e Paulo Paim, ainda sem atribuição de numeração ao tempo da atualização desta obra) para alterar dispositivos do Código Civil e do Novo CPC sobre o assunto.

807

O NCPC ampliou a legitimidade para a promoção da interdição: além de cônjuge, parentes e tutores, também o companheiro, o representante da entidade em que se encontra abrigado o interditando e o Ministério Público podem propor a demanda (art. 747). A legitimidade deverá ser comprovada por documentação que acompanhe a petição inicial (art. 747, parágrafo único); trata-se de documento indispensável à propositura da ação. O Estatuto da Pessoa com Deficiência alterou o art. 1.768 do Código Civil para incluir a legitimação da própria pessoa para pedir a nomeação de curador – mas como o art. 1.072, II, do NCPC revoga tal dispositivo do CC, a inclusão da legitimação do próprio indivíduo pode ser tida como inócua.

808

Incumbe ao autor, na petição inicial, especificar os fatos que demonstram a incapacidade do interditando para administrar seus bens e, se for o caso, para praticar atos da vida civil; o NCPC passa a exigir também referência ao momento em que a incapacidade se revelou (art. 749). Obviamente o autor, se não tiver como relatar tal momento, informará a causa da impossibilidade (por ex., por ser a instituição onde o incapaz foi abandonado pela família e não saber tal dado).

809

Há expressa previsão sobre o possível deferimento de tutela provisória na interdição: justificada a urgência, o juiz poderá nomear curador provisório ao interditando para a prática de determinados atos (art. 749, parágrafo único). Há regra sobre o tema no Estatuto da Pessoa com Deficiência (EPD): em casos de relevância e urgência, e a fim de proteger os interesses da pessoa com deficiência em situação de curatela, será lícito ao juiz, ouvido o Ministério Público, de ofício ou a requerimento do interessado, nomear, desde logo, curador provisório – que estará sujeito, no que couber, às disposições do Código de Processo Civil (Lei 13.146/2015, art. 87).

810

O Novo CPC indica mais um documento indispensável à propositura da ação de interdição: O requerente deverá juntar laudo médico para fazer prova de suas alegações ou informar a impossibilidade de fazê-lo (art. 750).

811

Há detalhadas regras sobre a oitiva do interditando, passando o código processual a contemplar possibilidades para um primeiro eficiente contato com ele. A proposta segue sendo a de comparecimento do interditando em juízo para falar com o magistrado; caso, porém, ele não possa se deslocar, o juiz o ouvirá no local onde estiver (NCPC, art. 751, § 1º). O Estatuto da Pessoa com Deficiência traz regra no mesmo sentido: "é vedado exigir o comparecimento de pessoa com deficiência perante os órgãos públicos quando seu deslocamento, em razão de sua limitação funcional e de condições de acessibilidade, imponha-lhe ônus desproporcional e indevido, hipótese na qual serão observados os seguintes procedimentos: I – quando for de interesse do poder público, o agente promoverá o contato necessário com a pessoa com deficiência em sua residência; II – quando for de interesse da pessoa com deficiência, ela apresentará solicitação de atendimento domiciliar ou fará representar-se por procurador constituído para essa finalidade (Lei 13.146/2015, art. 95).

812

Nos termos do NCPC, a entrevista do interditando poderá ser acompanhada por especialista; durante seu curso, será assegurado o emprego de recursos tecnológicos capazes de permitir ou auxiliar o interditando a expressar vontades e preferências e a responder às perguntas (art. 751, §§ 2º e 3º); a critério do juiz, poderá ser requisitada a oitiva de parentes e de pessoas próximas (art. 751, § 4º). O Estatuto da Pessoa com Deficiência (EPD) alterou o art. 1.771 do CC para constar o dever do juiz de ser assistido por equipe multidisciplinar para entrevistar pessoalmente o interditando; tal regra não deverá subsistir, já que o art. 1.072, II, do NCPC revoga o art. 1.771 do CC.

813

O prazo para impugnação do pedido pelo interditando passou a ser de 15 (quinze) dias, sendo tal lapso contado a partir da entrevista (art. 752). O interditando poderá constituir advogado; caso não o faça, deverá ser nomeado curador especial (§ 2º). Destaca-se ainda que, no caso de não constituição de advogado, o cônjuge, o companheiro ou qualquer parente sucessível do interditando poderá intervir como assistente (art. 752, § 3º).

814

Foi ajustada a nomenclatura sobre o perfil da participação do MP: este intervirá como fiscal da ordem jurídica (art. 752, § 1º) e não como representante do interditando (sendo superadas as confusas regras dos art. 1.182, § 1º, do CPC/1973 e 1.770 do Código Civil).

815

Houve maior explanação sobre a prova pericial, que vinha sucintamente referida no art. 1.183 do CPC/1973. A perícia poderá ser realizada por equipe composta por expertos com formação multidisciplinar; o laudo indicará especificadamente, se for o caso, os atos para os quais haverá necessidade de curatela (art. 753, §§ 1º e 2º). O Estatuto da pessoa com Deficiência destaca a necessidade de que o laudo seja feito por equipe integrada por diversos profissionais: "a avaliação da deficiência, quando necessária, será biopsicossocial, realizada por equipe multiprofissional e interdisciplinar e considerará: I – os impedimentos nas funções e nas estruturas do corpo; II – os fatores socioambientais, psicológicos e pessoais; III – a limitação no desempenho de atividades; e IV – a restrição de participação" (Lei 13.146/2015 art. 2º, § 1º).

816

Apresentado o laudo, produzidas as demais provas e ouvidos os interessados, o juiz proferirá sentença (art. 754). A lei processual detalha o teor da decisão: ao decretar a interdição, o juiz: I – nomeará curador (que poderá ser o requerente da interdição) e fixará os limites da curatela, segundo o estado e o desenvolvimento mental do interdito; II – considerará as características pessoais deste, observando suas potencialidades, habilidades, vontades e preferências (art. 755). O Estatuto da Pessoa com Deficiência traz regra similar: "a curatela constitui medida extraordinária, devendo constar da sentença as razões e motivações de sua definição, preservados os interesses do curatelado" (Lei 13.146/2015 art. 85, § 2º).

817

A curatela deverá ser atribuída a quem melhor possa atender aos interesses do curatelado (art. 755, § 1º). O Estatuto da Pessoa com Deficiência (EPD) alterou o Código Civil para constar que, na escolha do curador, o juiz leve em conta "a vontade e as preferências do interditando, a ausência de conflito de interesses e de influência indevida, a proporcionalidade e a adequação às circunstâncias da pessoa" (art. 1.772, parágrafo único). Tal regra, em princípio, não deverá subsistir, já que o art. 1.072, II do NCPC revoga o art. 1.772 do CC. O Novo Código dispõe que se houver, ao tempo da interdição, uma pessoa incapaz sob a guarda e a responsabilidade do interdito, o juiz atribuirá a curatela a quem melhor puder atender aos interesses do interdito e do incapaz (art. 755, § 2º). Por fim, o EPD expressou a possibilidade de compartilhamento ao inserir no Código Civil o art. 1.775-A: na nomeação de curador para a pessoa com deficiência, o juiz poderá estabelecer curatela compartilhada a mais de uma pessoa.

818

Há preocupação com a publicidade da sentença de interdição. Ela será inscrita no registro de pessoas naturais e imediatamente publicada na rede mundial de computadores, no sítio do tribunal a que estiver vinculado o juízo e na plataforma de editais do Conselho Nacional de Justiça, onde permanecerá por 6 (seis) meses, na imprensa local, 1 (uma) vez, e no órgão oficial, por 3 (três) vezes, com intervalo de 10 (dez) dias, constando do edital os nomes do interdito e do curador, a causa da interdição, os limites da curatela e, não sendo total a interdição, os atos que o interdito poderá praticar autonomamente (art. 755, § 3º).

819

O levantamento da curatela, objeto dos arts. 1.186 do CPC/1973 e 756 do Novo CPC, foi contemplado com duas novas previsões. O pedido de levantamento da curatela poderá ser feito não só pelo interdito, como também pelo curador ou pelo Ministério Público (art. 756, § 1º). O juiz nomeará perito ou equipe multidisciplinar para proceder ao exame do interdito e designará audiência de instrução e julgamento após a apresentação do laudo (art. 756, § 2º).

820

Acolhido o pedido, o juiz decretará o levantamento da interdição e determinará a publicação da sentença, após o trânsito em julgado, de mesma forma aplicada à sentença de interdição ou, não sendo possível, na imprensa local e no órgão oficial, por 3 (três) vezes, com intervalo de 10 (dez) dias, seguindo-se a averbação no registro de pessoas naturais (art. 756, § 3º). Cabe julgamento de parcial procedência do pedido: a interdição poderá ser levantada parcialmente quando demonstrada a capacidade do interdito para praticar alguns atos da vida civil (art. 756, § 4º).

821

A autoridade do curador estende-se à pessoa e aos bens do incapaz que se encontrar sob a guarda e a responsabilidade do curatelado ao tempo da interdição – salvo se o juiz considerar outra solução mais conveniente aos interesses do incapaz (art. 757). O curador deverá buscar tratamento e apoio apropriados à conquista da autonomia pelo interdito (art. 758). O Estatuto da Pessoa com Deficiência acrescentou ao Código Civil regra que contempla a priorização de autonomia: segundo o art. 1.777, as pessoas referidas no inciso I do art. 1.767 do CC receberão todo o apoio necessário para ter preservado o direito à convivência familiar e comunitária, sendo evitado o seu recolhimento em estabelecimento que os afaste desse convívio.

SEÇÃO X – Disposições Comuns à Tutela e à Curatela

822

Não houve significativas mudanças nas disposições comuns à tutela e à curatela, que estão presentes entre os arts. 1.187 a 1.198 do CPC/1973 e 759 a 763 do NCPC.

Seção XI – Da Organização e da Fiscalização das Fundações

823

O procedimento especial referente à organização e fiscalização das fundações, presente entre os arts. 1.199 e 1.204 do CPC/1973, é objeto de menos previsões no NCPC (arts. 764 e 765).

824

O juiz decidirá sobre a aprovação do estatuto das fundações e de suas alterações sempre que o requeira o interessado, quando: I – ela for negada previamente pelo Ministério Público ou por este forem exigidas modificações com as quais o interessado não concorde; II – o interessado discordar do estatuto elaborado pelo Ministério Público (art. 764).

825

Qualquer interessado ou o Ministério Público promoverá em juízo a extinção da fundação quando: I – se tornar ilícito o seu objeto; II – for impossível a sua manutenção; III – vencer o prazo de sua existência (NCPC, art. 765; CPC/1973, art. 1.204).

Seção XII – Da Ratificação dos Protestos Marítimos e dos Processos Testemunháveis Formados a Bordo

826

Como prova de prestígio do direito marítimo junto ao legislador, mais um procedimento especial ganha espaço de forma pioneira no NCPC: a Ratificação dos Protestos Marítimos e os Processos Testemunháveis Formados a Bordo (lançamentos de informações realizadas no livro marítimo denominado "Diário da Navegação") são tratados entre os arts. 766 e 770.

827

Todos os protestos e os processos testemunháveis formados a bordo e lançados no livro Diário da Navegação deverão ser apresentados pelo comandante ao juiz de direito do primeiro porto, nas primeiras 24 (vinte e quatro) horas de chegada da embarcação, para sua ratificação judicial (art. 766).

828

A petição inicial conterá a transcrição dos termos lançados no livro Diário da Navegação e deverá ser instruída com cópias das páginas que contenham os termos que serão ratificados, dos documentos de identificação do comandante e das testemunhas arroladas, do rol de tripulantes, do documento de registro da embarcação e, quando for o caso, do manifesto das cargas sinistradas e a qualificação de seus consignatários, traduzidos, quando for o caso, de forma livre para o português (art. 767).

829

A petição inicial deverá ser distribuída com urgência e encaminhada ao juiz, que ouvirá, sob compromisso a ser prestado no mesmo dia, o comandante e as testemunhas em número mínimo de 2 (duas) e máximo de 4 (quatro), que deverão comparecer ao ato independentemente de intimação (art. 768).

830

Aberta a audiência, o juiz mandará apregoar os consignatários das cargas indicados na petição inicial e outros eventuais interessados, nomeando para os ausentes curador para o ato (art. 769).

831

Inquiridos o comandante e as testemunhas, o juiz, convencido da veracidade dos termos lançados no Diário da Navegação, em audiência, ratificará por sentença o protesto ou o processo testemunhável lavrado a bordo, dispensado o relatório (art. 770). Independentemente do trânsito em julgado, o juiz determinará a entrega dos autos ao autor ou ao seu advogado, mediante a apresentação de traslado (art. 770, parágrafo único).

LIVRO II – DO PROCESSO DE EXECUÇÃO

TÍTULO I – Da Execução em Geral

CAPÍTULO I – Disposições Gerais e CAPÍTULO II – Das Partes

832

Tal qual exposto em relação ao cumprimento de sentença, o processo de execução foi um dos temas que menos alterações sofreram no âmbito do NCPC. Isso se explica pelas diversas modificações realizadas no processo de execução no CPC/1973, decorrentes das Leis 11.232/2005 e 11.382/2006. Por essa razão, em relação ao processo de execução serão elaboradas menos dicas do que se fez em relação aos demais temas, apenas naquilo que efetivamente é novidade. O regramento do processo executivo inicia com previsões sobre a execução em geral entre os arts. 771 e 796.

833

O juiz poderá, de ofício ou a requerimento, determinar as medidas necessárias ao cumprimento da ordem de entrega de documentos e dados (art. 773).

834

Passa a ser ato atentatório à dignidade da justiça, ao lado de outras condutas, a de dificultar ou embaraçar a realização da penhora (art. 774, III).

CAPÍTULO III – Da Competência

835

O art. 781 traz uma série de previsões quanto à competência para o processo executivo. A principal regra de competência é, alternativamente, o foro de domicílio do executado, de eleição ou da situação dos bens (inc. I).

836

Apesar de não se tratar de questão relativa à competência, o art. 782, § 3º destaca que, a requerimento do exequente, pode o juiz determinar a inclusão do nome do executado em cadastros de inadimplentes.

CAPÍTULO IV – Dos Requisitos Necessários para Realizar Qualquer Execução

837

Tal qual no CPC/1973, são requisitos para a execução o título executivo (art. 784) e o inadimplemento – agora denominado de "exigibilidade da obrigação" (art. 786).

838

Há novos títulos executivos extrajudiciais:

(i) crédito de condomínio (art. 784, X) e

(ii) certidão de cartório extrajudicial relativa a valores de emolumentos de atos por ele praticados (art. 784, XI).

839

De modo a afastar o debate existente quanto ao tema, prevê o NCPC que a existência de título extrajudicial *não impede* que a parte opte pelo processo de conhecimento (art. 785). Isso se justifica em situações nas quais, apesar da existência do título, é possível que exista algum debate quanto ao tema. Portanto, na dúvida, para maior segurança, pode o credor optar pelo processo de conhecimento sem que isso acarrete a falta de interesse de agir.

CAPÍTULO V – Da Responsabilidade Patrimonial

840

Destaca a lei processual que passam a se sujeitar à execução os bens: a) cuja alienação ou gravação com ônus real tenha sido anulada pelo reconhecimento, em ação autônoma, de fraude contra credores; b) do responsável, se desconsiderada a personalidade jurídica (art. 790, VI e VII).

841

Haverá fraude à execução quando a alienação ou oneração de bem quando (art. 792):

I. sobre o bem pender ação fundada em direito real ou com pretensão reipersecutória, desde que a pendência do processo tenha sido averbada no respectivo registro público, se houver;

II. tiver sido averbada, no registro do bem, a pendência do processo de execução (vide art. 828);

III. tiver sido averbado, no registro do bem, hipoteca judiciária ou outro ato de constrição judicial originário do processo onde foi arguida a fraude;

IV. ao tempo da alienação ou da oneração, tramitava contra o devedor ação capaz de reduzi-lo à insolvência;

V. nos demais casos expressos em lei.

TÍTULO II – Das Diversas Espécies de Execução

CAPÍTULO I – Disposições Gerais

842

A petição inicial do processo de execução deve trazer o título e o demonstrativo de débito (art. 798, I). O demonstrativo de débito deve trazer (art. 798, parágrafo único):

I – o índice de correção monetária adotado;

II – a taxa de juros aplicada;

III – os termos inicial e final de incidência do índice de correção monetária e da taxa de juros utilizados;

IV – a periodicidade da capitalização dos juros, se for o caso;

V – a especificação de desconto obrigatório realizado.

843

Também deverá o exequente, na inicial da execução, requerer a intimação de terceiro que possa ter alguma relação com o bem penhorado (art. 799), como o credor pignoratício (inciso I), titular do usufruto (II), promitente comprador ou vendedor (III e IV), superficiário (V) e sociedade, quando de penhor de quota (VII).

844

É nula a execução se o título executivo extrajudicial não corresponder à obrigação certa, líquida e exigível (art. 803, I).

845

Segue existindo o princípio da menor onerosidade (se for possível executar por mais de um meio, "o juiz mandará que se faça pelo modo menos gravoso para o executado" – NCPC, art. 805). Porém, nesse caso, o executado deverá indicar quais são os outros meios "mais eficazes e menos onerosos", sob pena de prosseguir a execução tal como requerido pelo exequente e determinado pelo juiz (art. 805, parágrafo único).

CAPÍTULO II – Da Execução para a Entrega de Coisa

846

Na execução para a entrega de coisa, o executado será citado para entregar a coisa certa prevista no título em 15 dias (NCPC, art. 806).

847

Ao despachar a inicial e determinar a citação do executado, o juiz poderá fixar multa por dia de atraso no cumprimento da obrigação (caso a coisa não seja entregue), que poderá ser alterada se insuficiente ou excessiva (art. 806, § 1º).

848

O mandado de citação terá ordem para (i) imissão na posse se for bem imóvel ou (ii) busca e apreensão se for bem imóvel ou móvel. E o cumprimento se dará de imediato, se o executado não satisfizer a obrigação no prazo que lhe foi designado (art. 806, § 2º).

CAPÍTULO III – Da Execução das Obrigações de Fazer ou de Não Fazer

849

Na execução de obrigação de fazer ou não fazer, ao despachar a inicial e determinar a citação, o juiz fixará multa por período de atraso no cumprimento da obrigação e a data a partir da qual será devida (art. 814).

850

Mesmo que haja previsão de multa no título executivo, se o valor for excessivo, o juiz poderá reduzi-lo (art. 814, parágrafo único).

851

A previsão de fixação de multa é a primeira opção no NCPC. Mas, se o exequente assim requerer e a obrigação puder ser satisfeita por terceiro, é lícito ao juiz autorizar que aquele a satisfaça à custa do executado (art. 817).

CAPÍTULO IV – Da Execução por Quantia Certa

852

Segue a execução por quantia sendo a modalidade mais regulada do Código, como ocorria no sistema anterior.

853

A execução de quantia se dá com a expropriação dos bens do executado, que pode ser realizada de 3 formas (art. 825):

I. adjudicação;

II. alienação;

III. apropriação de frutos e rendimentos de empresa ou de estabelecimentos e de outros bens.

854

Estando em termos a petição inicial da execução, o juiz determinará a citação do executado, para que pague a dívida em 3 dias, contados da citação (art. 829).

855

No despacho inicial deve o juiz fixar honorários advocatícios de 10%, quantia que será reduzida à metade se o executado pagar integralmente o valor devido em 3 dias (art. 827, *caput* e § 1º).

856

Determinada a citação, o exequente poderá obter certidão de que a execução foi admitida, para fins de averbação no registro de imóveis, veículos ou outros bens penhoráveis (art. 828).

857

Se o oficial de justiça não encontrar o executado, arrestar-lhe-á tantos bens quantos bastem para garantir a execução; nos 10 dias seguintes à efetivação do arresto, o oficial de justiça procurará o executado 2 vezes em dias distintos e, havendo suspeita de ocultação, realizará a citação com hora certa, certificando pormenorizadamente o ocorrido (art. 830, § 1º). Este é o denominado arresto executivo que, pela jurisprudência do STJ (anterior ao NCPC), pode ser realizado de forma *on-line*.

858

Em termos de penhora de bens, em grande parte há repetição das impenhorabilidades, mas há algumas novidades que podem se revelar interessantes para a efetividade da execução.

859

São considerados impenhoráveis, além dos bens de praxe, créditos oriundos de alienação de unidades imobiliárias, sob regime de incorporação imobiliária, vinculados à execução da obra (art. 833, XII).

860

Passa a ser *possível a penhora* de salários/vencimentos e caderneta de poupança para pagar prestação alimentícia, independentemente de sua origem – direito de família ou ato ilícito.

861

Também passam a ser penhoráveis quantias superiores a 50 salários mínimos mensais, para o pagamento de qualquer crédito (art. 833, § 2º).

862

Prevê o NCPC ordem de bens penhoráveis, mas a penhora em dinheiro é prioritária (art. 835, I e § 1º).

863

Novidade do NCPC, em último lugar na ordem de preferência de penhora estão os “direitos aquisitivos derivados de promessa de compra e venda e de alienação fiduciária em garantia” (art. 835, XII).

864

Recaindo a penhora sobre bem imóvel ou direito real sobre imóvel, será intimado também o cônjuge do executado, salvo se forem casados no regime de separação absoluta de bens (art. 842).

865

Em relação à penhora *on-line*, há algumas inovações. A começar do nome, que passa a ser denominada de “penhora de dinheiro em depósito ou em aplicação financeira”.

866

Antes da efetiva penhora de dinheiro em aplicação financeira, inicialmente será realizada, a requerimento do exequente, *sem ciência prévia ao executado*, determinando o juiz que as instituições financeiras, por meio eletrônico, a *indisponibilização de ativos financeiros* existentes em nome do executado, limitando-se a indisponibilidade ao valor indicado na execução (art. 854).

867

Tornados indisponíveis os ativos financeiros do executado, este será intimado na pessoa de seu advogado ou, se não houver advogado constituído, pessoalmente (art. 854, § 2º).

868

Efetivada a indisponibilização de ativos financeiros, poderá o executado, em 5 dias, comprovar que (art. 854, § 3º):

I. as quantias tornadas indisponíveis são impenhoráveis;

II. ainda remanesce indisponibilidade excessiva de ativos financeiros.

869

Acolhida a arguição de indevida constrição de ativos financeiros, o juiz determinará o cancelamento de eventual indisponibilidade irregular ou excessiva, a ser cumprido pela instituição financeira em 24 horas (art. 854, § 4º).

870

Rejeitada ou não apresentada a manifestação do executado, então haverá a *conversão da indisponibilidade de ativos em penhora*, sem necessidade de lavratura de termo, devendo o juiz da execução determinar à instituição financeira depositária que, no prazo de 24 horas, transfira o montante indisponível para conta vinculada ao juízo da execução (art. 854, § 5º).

871

Inova o NCPC ao prever e regular a penhora de quotas ou ações de sócio em sociedade simples ou empresarial (art. 861).

872

Nessa hipótese, a sociedade, em prazo não superior a 3 meses, oferecerá as quotas ou as ações aos demais sócios, observado o direito de preferência legal ou contratual (art. 861, II).

873

Se não houver interesse dos sócios na aquisição das ações, a sociedade procederá à liquidação das quotas ou das ações, depositando em juízo o valor apurado, em dinheiro (art. 861, III). Para evitar a liquidação das quotas ou ações, poderá a própria sociedade adquiri-las, sem redução do capital social (art. 861, § 1º).

874

Também há previsão específica para a penhora de faturamento da empresa – que somente poderá ocorrer se não houver outros bens penhoráveis, ou estes foram de difícil alienação ou insuficientes para saldar o valor executado (art. 866).

875

Será nomeado administrador-depositário e o juiz fixará um percentual de penhora do faturamento que não torne inviável o exercício da atividade empresarial (art. 866, §§ 1º e 2º).

876

A avaliação dos bens penhorados segue sendo feita pelo oficial de justiça (art. 870). Mas, se necessários conhecimentos especializados – e, novidade, o valor da execução comportar – o juiz nomeará avaliador (art. 870, parágrafo único).

877

Em relação à expropriação dos bens, a primeira forma é a adjudicação ao exequente – que receberá o (s) bem (ns) pelo valor da avaliação (art. 876).

878

Não realizada a adjudicação, haverá a tentativa de alienação dos bens – por iniciativa particular ou por leilão judicial; o NCPC não mais fala em "hasta pública", como se falava no sistema anterior (art. 879).

879

Mas, se não houver êxito nas demais tentativas de alienação, será reaberta a oportunidade para se adjudicar – e também será possível requerer nova avaliação (art. 878).

880

A alienação por iniciativa particular, tal qual no CPC/1973, será realizada fora dos autos, pelo próprio exequente, por corretor ou leiloeiro público (art. 880).

881

O juiz fixará o preço mínimo, as condições de pagamento e outros aspectos para a alienação por iniciativa particular (art. 880, § 1º).

882

Se não houver sucesso na alienação por iniciativa particular, parte-se para a alienação por leilão, a ser realizada por leiloeiro, em leilão público. Salvo se o bem tiver cotação em bolsa de valores (art. 881, *caput* e parágrafos).

883

O juiz fixará o preço mínimo, as condições de pagamento e outros aspectos para a alienação por leilão (art. 885).

884

Não será admitido lance por preço vil, definindo o NCPC o que seja isso: preço inferior ao mínimo estipulado pelo juiz e constante do edital OU, se não tiver sido fixado preço mínimo pelo juiz, será vil o preço inferior a 50% o valor da avaliação (art. 891).

885

Qualquer que seja a modalidade de leilão, uma vez assinado o auto pelo juiz, arrematante e leiloeiro, estará perfeita, acabada e irretratável a arrematação. Mesmo que procedentes os embargos do executado ou ação autônoma para invalidar a arrematação – assegurada a possibilidade de reparação dos prejuízos (art. 903).

886

Assim, deixam de existir os "embargos de segunda fase" (previstos no CPC/1973) e passa a existir uma ação autônoma de invalidação da arrematação, que terá o arrematante como litisconsórcio necessário (art. 903, § 4º).

CAPÍTULO V – Da Execução Contra a Fazenda Pública

887

Na execução de título executivo extrajudicial contra a Fazenda, a executada será citada para embargar em 30 dias. E se aplica a esta execução o previsto no cumprimento de sentença contra a Fazenda (arts. 534 e 535, já analisados).

CAPÍTULO VI – Da Execução de Alimentos

888

O NCPC prevê o cumprimento de sentença de alimentos (título executivo judicial) e também execução de alimentos (título executivo extrajudicial) – e esta última de forma pioneira. Em grande parte, há similitude entre os procedimentos, de modo que se remete o leitor para as dicas referentes aos arts. 528 a 533.

889

O parágrafo único do art. 911 reconhece que, havendo inadimplemento do dever de prestar alimentos reconhecido em título executivo extrajudicial, será aplicável o regime clássico de execução de alimentos, cabendo inclusive a prisão do executado. A previsão é salutar, já que muitos divórcios findam por escrituras públicas e a efetividade de seu teor precisa ser amplamente reconhecida no sistema jurídico.

890

O Novo CPC também aperfeiçoa a sistemática do abatimento em folha das parcelas alimentícias: segundo o art. 912, § 1°, no ofício à autoridade, à empresa ou ao empregador constará a determinação para o desconto sob pena de crime de desobediência.

TÍTULO III – Dos Embargos à Execução

891

Os embargos do devedor independem de penhor ou qualquer garantia do juízo (art. 914). O prazo para embargar é de 15 dias, contados da juntada do mandado ou carta de citação (art. 915).

892

No prazo dos embargos, será possível – como no CPC/1973 – o parcelamento do débito em até 6 parcelas mensais, atualizadas com juros de 1% a.m. e correção, desde que se pague 30% e se reconheça o crédito do exequente (art. 916).

893

Inova o NCPC ao especificar que:

(i) enquanto o exequente não se manifestar quanto à proposta de parcelamento, o executado deverá depositar as parcelas vincendas (art. 916, § 2º);

(ii) deferida a proposta, o exequente levantará a quantia depositada, com a suspensão dos atos executivos (art. 916, § 3º);

(iii) indeferido o parcelamento, o depósito será convertido em penhora e prosseguirão os atos executivos (art. 916, § 4º).

894

Além disso, afirma o NCPC que este parcelamento *não* se aplica ao cumprimento de sentença (art. 916, § 7º). Curioso destacar que, à luz do sistema do CPC/1973, o STJ firmou entendimento de ser *possível* a aplicação dessa regra ao cumprimento de sentença. Pela lei, porém, isso não será mais possível – resta verificar se os tribunais irão fazer letra morta desse novo dispositivo, especialmente considerando o princípio da menor onerosidade (NCPC, art. 805).

895

Como ainda não houve apreciação do Judiciário, poderá ser alegada qualquer matéria de defesa nos embargos (art. 917, VI).

896

Repetindo o CPC/1973, os embargos à execução, em regra, não terão efeito suspensivo, mas presentes os requisitos para a tutela provisória, será possível a concessão, desde que haja garantia do juízo (art. 919, *caput* e § 1º).

TÍTULO IV – Da Suspensão e da Extinção do Processo de Execução

CAPÍTULO I – Da Suspensão do Processo de Execução

897

Dentre as hipóteses de suspensão da execução, além das previstas na parte geral (arts 313 e 315), destaca-se (art. 921):

(i) quando o executado não tiver bens penhoráveis,

(ii) se não houver licitantes na alienação e o exequente não requerer a adjudicação

898

No caso de ausência de bens penhoráveis, o processo será suspenso pelo prazo de 1 ano e, nesse período, não correrá a prescrição. Porém, após esse período, se não houver manifestação do exequente, começa a correr a *prescrição intercorrente* – que, portanto, passa a ser expressamente prevista no NCPC (art. 921, § 4º).

CAPÍTULO II – Da Extinção do Processo de Execução

899

A extinção da execução ocorrerá nas seguintes hipóteses (art. 924):

I. a petição inicial for indeferida;

II. a obrigação for satisfeita;

III. o executado obtiver, por qualquer outro meio, a extinção total da dívida;

IV. o exequente renunciar ao crédito;

V. ocorrer a prescrição intercorrente.

LIVRO III – DOS PROCESSOS NOS TRIBUNAIS E DOS MEIOS DE IMPUGNAÇÃO DAS DECISÕES JUDICIAIS

TÍTULO I – Da Ordem dos Processos e dos Processos de Competência Originária dos Tribunais

CAPÍTULO I – Disposições Gerais

900

Um dos objetivos proclamados pelo legislador durante a tramitação do NCPC foi a valorização da jurisprudência, tema que ganhou significativo destaque na nova codificação. Os tribunais deverão dar publicidade aos seus precedentes, organizando-os por questão jurídica decidida e divulgando-os, preferencialmente, na rede mundial de computadores (art. 927, § 5º)

901

Os tribunais devem uniformizar sua jurisprudência e mantê-la estável, íntegra e coerente (art. 926). Para tanto, juízes e tribunais observarão (art. 927):

I. as decisões do STF em controle concentrado de constitucionalidade;
II. os enunciados de súmula vinculante;
III. os acórdãos em incidente de assunção de competência ou de resolução de demandas repetitivas e em julgamento de recursos extraordinário e especial repetitivos;
IV. os enunciados das súmulas do STF em matéria constitucional e do STJ em matéria infraconstitucional;
V. a orientação do plenário ou do órgão especial aos quais estiverem vinculados.

902

Para os fins do NCPC, considera-se julgamento de casos repetitivos a decisão proferida em: I – incidente de resolução de demandas repetitivas; II – recursos especial e extraordinário repetitivos (art. 928). O julgamento de casos repetitivos tem por objeto questão de direito material ou processual (art. 929).

903

A alteração de tese jurídica adotada em enunciado de súmula ou em julgamento de casos repetitivos poderá ser precedida de audiências públicas e da participação de pessoas, órgãos ou entidades que possam contribuir para a rediscussão da tese (art. 927, § 2º).

904

Caso mude de jurisprudência dominante do STF e dos tribunais superiores ou daquela oriunda de julgamento de casos repetitivos, poderá haver modulação dos efeitos da alteração no interesse social e no da segurança jurídica (art. 927, § 3º).

905

A modificação de enunciado de súmula, de jurisprudência pacificada ou de tese adotada em julgamento de casos repetitivos observará a necessidade de fundamentação adequada e específica, considerando os princípios da segurança jurídica, da proteção da confiança e da isonomia (art. 927, § 4º).

CAPÍTULO II – Da Ordem dos Processos no Tribunal

906

Tal qual no Código anterior, o relator é dotado de diversos poderes. Porém, há algumas modificações em relação ao sistema anterior.

907

Deixa de existir a figura do revisor. Assim, no julgamento colegiado, apenas o relator é que terá acesso prévio aos autos. Portanto, no NCPC fala-se em relator, segundo e terceiro magistrados (e não mais em relator, revisor e terceiro).

908

Eventual acordo entre as partes será homologado apenas pelo relator, não existindo a necessidade de isso ser submetido ao colegiado (art. 932, I).

909

Houve grande avanço em relação à atecnia e falha de terminologia presentes no art. 557 do CPC/1973 (que confundia admissibilidade e mérito). Assim, agora o NCPC corretamente fala na possibilidade de o relator, monocraticamente, (i) *não conhecer* ou conhecer e (ii) *negar provimento* e (iii) *dar provimento* ao recurso.

910

O relator, em decisão monocrática, não *conhecerá* de recurso inadmissível, prejudicado ou que não tenha impugnado especificamente os fundamentos da decisão recorrida (art. 932, III).

911

O relator, em decisão monocrática, *negará provimento* a recurso que for contrário a (art. 932, IV):

a) súmula do Supremo Tribunal Federal, do Superior Tribunal de Justiça ou do próprio tribunal;
b) acórdão proferido pelo Supremo Tribunal Federal ou pelo Superior Tribunal de Justiça em julgamento de recursos repetitivos;
c) entendimento firmado em incidente de resolução de demandas repetitivas ou de assunção de competência.

912

Em relação ao CPC/1973, percebe-se que não há mais menção genérica a "jurisprudência dominante" como forma de permitir o julgamento monocrático para se negar provimento. Contudo, resta verificar se, na prática, a modificação será adotada pelos magistrados.

913

Voltando aos poderes do relator, esse magistrado, em decisão monocrática, após o exercício do contraditório pelo recorrido (o que não existe no caso de não conhecimento ou negativa de provimento) *dará provimento* a recurso se a decisão recorrida for contrária a (art. 932, V):

a) súmula do Supremo Tribunal Federal, do Superior Tribunal de Justiça ou do próprio tribunal;
b) acórdão proferido pelo Supremo Tribunal Federal ou pelo Superior Tribunal de Justiça em julgamento de recursos repetitivos;
c) entendimento firmado em incidente de resolução de demandas repetitivas ou de assunção de competência;

914

Inovação de muito relevo é a previsão de o relator, antes de considerar inadmissível o recurso, conceder o prazo de 5 dias para que seja sanado vício do recurso (art. 932, parágrafo único).

915

O único vício que não poderia ser sanado com base no art. 932, parágrafo único seria a intempestividade. Fora isso, qualquer situação que leve à inadmissão deve permitir a correção por parte do relator. Trata-se de verdadeira revolução em relação à admissibilidade recursal. Resta, porém, verificar qual será a interpretação que os tribunais darão a esse dispositivo.

916

Não sendo o caso de julgamento monocrático, então o recurso será pautado (art. 934). Na sessão do julgamento, inicialmente o relator lerá o seu relatório, após sendo possível a sustentação oral das partes, no prazo máximo de 15 minutos (art. 937).

917

Somente será possível a sustentação oral nos seguintes casos (art. 937):

I. apelação;
II. recurso ordinário;
III. recurso especial;
IV. recurso extraordinário;
V. embargos de divergência;

VI. na ação rescisória, no mandado de segurança e na reclamação;

VIII. no agravo de instrumento interposto contra decisões interlocutórias que versem sobre tutelas provisórias de urgência ou da evidência;

IX. em outras hipóteses previstas em lei ou no regimento interno do tribunal.

918

Dentre as inovações, destaque-se a possibilidade de sustentação em agravo de instrumento, desde que o debate envolva tutela provisória. No sistema do CPC/1973, não se permitia sustentação oral em agravo.

919

Outro ponto de destaque é o veto da Presidência da República ao inciso VII, que previa a sustentação oral no agravo interno.

920

Após os votos de todos os magistrados, o presidente do órgão colegiado irá proclamar o resultado (art. 941). Até a proclamação do resultado, poderá ser alterado o voto por aquele que já tiver votado (art. 941, § 1º).

921

Se existir voto vencido, este deverá ser necessariamente declarado (art. 941, § 3º). Além disso, modificando entendimento do STJ a respeito do tema, o voto vencido será suficiente para fins de prequestionamento (art. 941, § 3º).

922

O NCPC decretou o fim dos embargos infringentes. Em seu lugar entra nova técnica de julgamento: havendo decisão por maioria, novos magistrados serão chamados (conforme o previsto no regimento interno do respectivo tribunal) a julgar independentemente de pedido das partes, em número suficiente para alterar o resultado inicial (art. 942).

923

Essa técnica de julgamento (não se trata de recurso, pois ocorre de ofício) permitirá que nova sustentação oral seja realizada (art. 942).

924

Vale destacar que esse novo julgamento ocorre para a apelação, ação rescisória procedente e agravo de instrumento, mas somente "quando houver reforma da decisão que julgar parcialmente o mérito (art. 942, § 3º, I e II). Como se percebe, caiu a exigência de que, para a *apelação*, o julgamento majoritário tenha reformado decisão anterior.

925

Diante do voto vencido, se possível, o prosseguimento do julgamento ocorrerá na mesma sessão, com os votos de outros magistrados que porventura façam parte do colegiado (art. 942, § 1º).

926

Não haverá essa técnica de julgamento (art. 942, § 4º):

I. do incidente de assunção de competência e ao de resolução de demandas repetitivas (pois já houve o debate perante o próprio órgão colegiado amplo);

II. da remessa necessária (por opção legislativa);

III. não unânime, proferido nos tribunais, pelo plenário ou pela corte especial (pois nesse caso a rigor não haveria magistrados em número suficiente para alterar a decisão).

927

Inova o NCPC ao apontar que, se o acórdão não for publicado em 30 dias da data da sessão de julgamento, "as notas taquigráficas o substituirão", independentemente de revisão (art. 944). Nesse caso, o presidente do tribunal lavrará a ementa e mandará publicar o acórdão (art. 944, parágrafo único). A inovação é boa para evitar a longa demora na publicação dos acórdãos. Contudo, resta verificar se, na prática, será efetivada pelos tribunais.

928

Outra relevante novidade, na versão original do NCPC, era a permissão de "plenário virtual" (nome não usado no Novo Código, mas utilizado pelo STF). Nas causas (recursos ou ações originárias) em que não se admitisse sustentação oral, o julgamento poderia "realizar-se por meio eletrônico", segundo o art. 945; tal dispositivo, porém, foi revogado pelo art. 3º da Lei 13.256/2016. Apesar da revogação do dispositivo, o STF segue utilizando esse julgamento (e há notícias de que outros tribunais também pretendem utilizá-lo).

CAPÍTULO III – Do Incidente de Assunção de Competência

929

Este incidente, novidade do NCPC, é cabível quando o julgamento de recurso, de remessa necessária ou de processo de competência originária envolver relevante questão de direito, com grande repercussão social, sem repetição em múltiplos processos (art. 947). Se há repetição de causas, utiliza-se o IRDR (art. 976).

930

O relator proporá, de ofício ou a requerimento, que seja o recurso, a remessa necessária ou o processo de competência originária julgado pelo órgão colegiado que o regimento indicar. Reconhecido o interesse público, o órgão colegiado apreciará o incidente e o acórdão proferido vinculará todos os juízes e órgãos fracionários (§ 3º).

CAPÍTULO IV – Do Incidente de Arguição de Inconstitucionalidade

931

O NCPC prevê, tal qual previa o Código anterior, um procedimento para a declaração difusa de inconstitucionalidade no âmbito dos tribunais (arts. 948 e ss.). Isso de modo a se observar a cláusula de reserva de plenário (CF, art. 97 e Súmula Vinculante 10).

932

Quanto ao procedimento, basicamente há repetição dos dispositivos do Código anterior (arts. 948 a 950, reproduzindo os arts. 480 a 482 do CPC/1973).

CAPÍTULO V – Do Conflito de Competência

933

O conflito de competência (*vide* art. 66 do NCPC é regulado no Novo Código em capítulo específico, no âmbito dos tribunais. Mas sua regulamentação (NCPC, arts. 951 a 959 é repetição do sistema anterior (CPC/1973, arts. 116 a 124).

CAPÍTULO VI – Da Homologação de Decisão Estrangeira e da Concessão do *Exequatur* à Carta Rogatória

934

A homologação de sentença estrangeira será realizada no STJ, conforme procedimento previsto no Regimento Interno daquele Tribunal (RISTJ). Contudo, também há previsão no NCPC (arts. 960 a 965). Em grande parte, trata-se de repetição do CPC/1973, mas há algumas inovações. Dentre as novidades, destaque para a previsão expressa de execução de decisão estrangeira concessiva de medida de urgência (art. 962).

CAPÍTULO VII – Da Ação Rescisória

935

Em relação à ação rescisória, medida judicial que se presta a desconstituir a coisa julgada, existem algumas inovações.

936

Quanto às hipóteses de cabimento (art. 966):

(i) deixa de ser cabível AR fundada na invalidação de confissão, desistência ou transação (art. 485, VIII, do CPC/1973 – quanto ao motivo para isso, vide a dica seguinte);

(ii) admite-se AR para impugnar decisão que, apesar de não ser de mérito, impeça nova propositura da demanda ou a admissibilidade de recurso (art. 966, § 2º).

937

Para tentar diminuir os debates quanto ao cabimento da AR ou da ação anulatória (art. 486 do CPC/1973), o NCPC estipula que os "atos de disposição de direitos, praticados pelas partes ou por outros participantes do processo e homologados pelo juízo, bem como os atos homologatórios praticados no curso da execução, estão sujeitos à anulação, nos termos da lei" (art. 966, § 4º).

938

Tomando partido em questão polêmica doutrinária, o NCPC é expresso ao afirmar ser possível a AR fundada em apenas 1 capítulo da decisão (art. 966, § 3º). A Lei 13.256/2016 incluiu no Novo CPC duas previsões:

(i) Cabe ação rescisória, com fundamento no inciso V do *caput* do art. 966, contra decisão baseada em enunciado de súmula ou acórdão proferido em julgamento de casos repetitivos que não tenha considerado a existência de distinção entre a questão discutida no processo e o padrão decisório que lhe deu fundamento (art. 966, § 5º);

(ii) Quando a ação rescisória fundar-se na hipótese do § 5º deste artigo, caberá ao autor, sob pena de inépcia, demonstrar, fundamentadamente, tratar-se de situação particularizada por hipótese fática distinta ou de questão jurídica não examinada, a impor outra solução jurídica" (art. 966, § 6º).

939

Importante inovação (porque havia muitos problemas ligados à decadência no sistema anterior) é a previsão de que se for reconhecida a incompetência do tribunal para o julgamento da AR, o autor será intimado para emendar a inicial, adequando ao outro tribunal que se entender competente (art. 968, § 5º).

940

Segue sendo de 2 anos o prazo para a AR, contados do trânsito em julgado da última decisão proferida no processo (art. 975). Contudo, há relevantes inovações.

941

Como já pacificado pelo STJ, o prazo decadencial de 2 anos prorroga-se até o primeiro dia útil subsequente, se ele "expirar durante férias forenses, recesso, feriados ou em dia em que não houver expediente forense" (art. 975, § 1º).

942

Tratando-se de AR fundada em prova nova (art. 966, VII), o termo inicial não será o trânsito em julgado, mas sim a data de "descoberta da prova nova". Porém, nesse caso, será observado o prazo máximo de 5 anos, contado do trânsito em julgado da última decisão proferida no processo (art. 975, § 2º).

CAPÍTULO VIII – Do Incidente de Resolução de Demandas Repetitivas

943

Uma das grandes novidades do NCPC é a previsão do incidente de resolução de demandas repetitivas, propugnado para buscar a isonomia de resultados processuais em lides similares e otimizar a atuação dos tribunais em processos de massa.

944

Cabe sua instauração quando houver, simultaneamente: I – efetiva repetição de processos que contenham controvérsia sobre a mesma questão unicamente de direito; II – risco de ofensa à isonomia e à segurança jurídica (art. 976).

945

Será incabível o incidente de resolução de demandas repetitivas quando um dos tribunais superiores, no âmbito de sua respectiva competência, já tiver afetado recurso para definição de tese sobre questão de direito material ou processual repetitiva (§ 4º).

946

Admitido o incidente, o relator: I – suspenderá os processos pendentes, individuais ou coletivos, que tramitam no Estado ou na região, conforme o caso; II – poderá requisitar informações a órgãos em cujo juízo tramita processo no qual se discute o objeto do incidente, que as prestarão em 15 dias; III – intimará o Ministério Público para, querendo, manifestar-se em até 15 dias (art. 982).

947

O relator ouvirá partes e interessados, que no prazo comum de 15 dias, poderão requerer juntada de documentos e diligências necessárias para a elucidação da questão de direito controvertida; em seguida, manifestar-se-á no mesmo prazo o Ministério Público (art. 983).

948

O julgamento caberá ao órgão indicado pelo regimento interno dentre aqueles responsáveis pela uniformização de jurisprudência do tribunal, devendo ocorrer em até um ano (arts. 978 a 980).

949

Julgado o incidente, a tese jurídica será aplicada: I – a todos os processos individuais ou coletivos que versem sobre idêntica questão de direito e que tramitem na área de jurisdição do tribunal, inclusive àqueles que tramitem nos juizados especiais do respectivo Estado ou região; II – aos casos futuros que versem idêntica questão de direito e que venham a tramitar no território de competência do tribunal, salvo hipótese de revisão (art. 985).

950

Não observada a tese adotada no incidente, caberá reclamação (art. 985, § 1º).

951

Do julgamento do mérito do incidente caberá recurso extraordinário ou especial, conforme o caso (art. 987).

952

Apreciado o mérito do recurso, a tese jurídica adotada pelo STF ou pelo STJ será aplicada no território nacional a todos os processos individuais ou coletivos que versem sobre idêntica questão de direito (art. 987, § 2º).

CAPÍTULO IX – Da Reclamação

953

A reclamação, que não é recurso, mas ação, ganha relevo no NCPC.

954

A reclamação é definida no NCPC como o meio cabível para (art. 988, com a redação da Lei 13.256/2016):

I. preservar a competência do tribunal;

II. garantir a autoridade das decisões do tribunal;

III. garantir a observância de súmula vinculante e decisão do STF em controle concentrado de constitucionalidade;

IV. garantir a observância de enunciado de acórdão proferido em julgamento de incidente de resolução de demandas repetitivas ou de incidente de assunção de competência.

Na redação original do NCPC, havia menção expressa a julgamento de causas repetitivas, o que englobaria o REsp e RE repetitivo. Apesar de a alteração da Lei 13.256/2016 ter modificado os incisos do art. 988 e não haver menção expressa aos recursos repetitivos, cabe reclamação quando não observados esses precedentes (vide dica 955).

955

Não será admitida a reclamação (art. 988, § 5º):

I. proposta após o trânsito em julgado da decisão reclamada (há necessidade de recorrer, para não deixar transitar, e também utilizar a reclamação);

II. proposta para garantir a observância de acórdão de recurso extraordinário com repercussão geral reconhecida ou de acórdão proferido em julgamento de recursos extraordinário ou especial repetitivos, quando não esgotadas as instâncias ordinárias. Assim, na busca da observância de precedente fixado em REsp / RE repetitivos ou RE com repercussão geral, deverá haver o esgotamento da vias ordinárias (antes de ajuizar a reclamação a parte deve ter utilizado todos os recursos possíveis – como apelação, agravo, REsp e RE–; apenas após a interposição dos recursos para tribunal superior é que será admitida a reclamação).

956

Ao despachar a reclamação, o relator (art. 989):

I. requisitará informações da autoridade a quem for imputada a prática do ato impugnado, que as prestará em 10 dias;

II. se necessário, ordenará a suspensão do processo ou do ato impugnado para evitar dano irreparável;

III. determinará a citação do beneficiário da decisão impugnada, que terá prazo de 15 dias para apresentar sua contestação.

Julgando procedente a reclamação, o tribunal cassará a decisão exorbitante de seu julgado ou determinará a medida adequada à solução da controvérsia (art. 992).

TÍTULO II – Dos Recursos

CAPÍTULO I – Disposições Gerais

957

Eis as modalidades recursais previstas no NCPC (art. 994): apelação; agravo de instrumento; agravo interno; embargos de declaração; recurso ordinário; recurso especial; recurso extraordinário; agravo em recurso especial ou extraordinário; embargos de divergência. Em síntese, em relação ao CPC/1973, tem-se:

(i) supressão do agravo retido e embargos infringentes;

(ii) desmembramento do agravo (apenas 1 mencionado no CPC/1973) em 3: agravo de instrumento, agravo interno e agravo em recurso especial ou extraordinário;

(iii) despacho segue sendo irrecorrível (art. 1.001).

958

O recurso adesivo somente será cabível nos casos de sucumbência recíproca, na apelação, especial e extraordinário (art. 997, § 2°, II).

959

A parte pode desistir do recurso sem anuência da outra (art. 998). A desistência do recurso não impede que seja analisada a questão que tenha repercussão geral ou já tenha sido afetada para julgamento repetitivo (art. 998, parágrafo único). Ou seja, nesse caso teremos um julgamento em abstrato, ainda que não se trate de controle concentrado de constitucionalidade. Situação curiosa no sistema processual brasileiro.

960

O prazo de interposição dos recursos é unificado em 15 dias – excetuados os embargos de declaração (art. 1.003, § 5°).

961

Em relação ao preparo, há importantes inovações:

(i) se o recorrente não recolher o preparo, terá mais uma chance: será intimado a recolher o valor devido em dobro; se recolher, não haverá deserção (art. 1.007, § 4°)

(ii) se houver equívoco no preenchimento da guia de custas (qualquer que seja a falha), não haverá a imediata deserção: na hipótese de dúvida quanto ao recolhimento, o recorrente será intimado para sanar o vício no prazo de 5 dias (art. 1.007, § 7°).

CAPÍTULO II – Da Apelação

962

Ante o fim do agravo retido, as questões resolvidas na fase de conhecimento, se a decisão a seu respeito não comportar agravo de instrumento, não são cobertas pela preclusão e devem ser suscitadas em preliminar de apelação eventualmente interposta contra a decisão final, ou nas contrarrazões (art. 1.009, § 1°).

963

Em regra, a apelação terá efeito suspensivo (art. 1.012). As hipóteses de efeito apenas devolutivo em grande grau são repetição ou adequação do sistema anterior. A novidade ficar por conta da decisão que decreta a interdição – apelação somente recebida no efeito devolutivo.

964

Quando reformar sentença que reconheça a decadência ou a prescrição, o tribunal, se possível, julgará o mérito, examinando as demais questões, sem determinar o retorno do processo ao juízo de primeiro grau (art. 1.013, § 4º).

965

Confirmando entendimento jurisprudencial e de modo a afastar polêmicas doutrinárias, o capítulo da sentença que confirma, concede ou revoga a tutela provisória é impugnável na apelação (§ 5º).

CAPÍTULO III – Do Agravo de Instrumento

966

Diferentemente do Código anterior, em que havia uma previsão de agravo em situações de "urgência", o NCPC preferiu apontar o cabimento do agravo de instrumento em hipóteses específicas, rol taxativo.

967

Assim, cabe agravo de instrumento para impugnar decisões interlocutórias sobre (art. 1.015):

I. tutelas provisórias;

II. mérito do processo;

III. rejeição da alegação de convenção de arbitragem;

IV. incidente de desconsideração da personalidade jurídica;

V. rejeição do pedido de gratuidade da justiça ou acolhimento do pedido de sua revogação;

VI. exibição ou posse de documento ou coisa;

VII. exclusão de litisconsorte;

VIII. rejeição do pedido de limitação do litisconsórcio;

IX. admissão ou não de intervenção de terceiros;

X. concessão, modificação ou revogação do efeito suspensivo aos embargos à execução;

XI. redistribuição do ônus da prova e em outros casos expressamente referidos em lei.

968

Também caberá agravo de instrumento contra decisões interlocutórias proferidas na fase de liquidação de sentença ou de cumprimento de sentença, no processo de execução e no processo de inventário.

969

Sendo uma situação que não se enquadre no rol anterior, como proceder? Surgem 3 possibilidades: (i) irrecorribilidade total, pois essa foi a vontade do legislador; (ii) uso de agravo de instrumento ao argumento de que o rol não é taxativo, mas exemplificativo – cabendo uma interpretação extensiva das hipóteses previstas no art. 1.015; (iii) uso do mandado de segurança. Novamente, resta verificar com a jurisprudência vai se fixar quanto ao tema.

970

Se faltar cópia ou houver outro vício que comprometa a admissão do agravo de instrumento, o relator concederá prazo de 5 dias para o recorrente sanar a falha (art. 1.017, § 3º).

CAPÍTULO IV – Do Agravo Interno

971

Este recurso é cabível contra decisão monocrática proferida pelo relator, a ser julgado pelo órgão colegiado, observadas as regras do regimento interno do tribunal. Ou seja, o NCPC opta pelo termo agravo interno e deixa de lado a palavra agravo regimental, terminologia ainda muito frequente no cotidiano forense.

972

Quando o agravo interno for declarado manifestamente inadmissível ou improcedente em votação unânime, o órgão colegiado, em decisão fundamentada, condenará o agravante a pagar ao agravado multa fixada entre 1% e 5% do valor atualizado da causa (art. 1.021, § 4º).

CAPÍTULO V – Dos Embargos de Declaração

973

Cabem embargos para sanar obscuridade, contradição, omissão ou corrigir erro material (art. 1.022).

974

Positivando entendimento jurisprudencial, se houver possibilidade de modificação da decisão embargada, deverá o magistrado abrir vista ao embargado (art. 1.023, § 2º). Se não abrir vista antes, terá havido violação do contraditório.

975

O órgão julgador conhecerá dos embargos de declaração como agravo interno se entender ser este o recurso cabível, desde que determine previamente a intimação do recorrente para, em até 5 dias, complementar as razões recursais (art. 1.024, § 3º).

976

Se o acolhimento dos embargos gerar modificação da decisão, o embargado que já tiver interposto outro recurso contra a decisão originária terá o direito de complementar ou alterar as razões, nos exatos limites da modificação, em até 15 dias contados da intimação da decisão dos embargos de declaração (art. 1.024, § 4º).

977

Afastando entendimento sumulado do STJ, se os embargos forem rejeitados, o recurso eventualmente já interposto pela outra parte será processado, independentemente de ratificação (art. 1.024, § 4º).

978

Firmando posição em tema que era divergente diante da omissão do CPC/1973, afirma o NCPC que os embargos de declaração não possuem efeito suspensivo (art. 1.026).

979

A eficácia da decisão monocrática ou colegiada poderá ser suspensa pelo respectivo juiz ou relator se demonstrada a probabilidade de provimento do recurso ou, sendo relevante a fundamentação, se houver risco de dano grave ou de difícil reparação (art. 1.026, § 1º).

CAPÍTULO VI – Dos Recursos para o Supremo Tribunal Federal e para o Superior Tribunal de Justiça

980

Os recursos especial e extraordinário serão interpostos perante o presidente ou o vice-presidente do tribunal recorrido em petições distintas (art. 1.029).

981

O STF e o STJ poderão desconsiderar vício formal de recurso tempestivo ou determinar sua correção, desde que não o reputem grave (art. 1.029, § 3º).

982

Quando, por ocasião do processamento do incidente de resolução de demandas repetitivas, o presidente do STF ou STJ receber requerimento de suspensão de processos em que se discuta questão federal constitucional ou infraconstitucional, poderá, considerando razões de segurança jurídica ou excepcional interesse social, estender a suspensão a todo o país até ulterior decisão do recurso extraordinário ou do recurso especial a ser interposto (art. 1.029, § 4º).

983

Na redação original do Novo Código, o REsp e o RE não seriam objeto de admissão na origem: uma vez interpostos, tais recursos seriam remetidos ao tribunal superior sem qualquer análise pelo tribunal de origem. A Lei 13.256/2016 alterou essa previsão, de modo que o NCPC reformado se alinha ao sistema do CPC/1973 ao prever a admissibilidade no juízo de origem, realizada pelo tribunal *a quo*. Assim, interpostos tais recursos, será aberta vista ao recorrido para apresentar contrarrazões e, após, haverá a análise da admissibilidade por parte do presidente ou vice-presidente do tribunal de origem. Se o recurso for admitido, os autos serão remetidos ao tribunal superior. Se o recurso não for admitido, caberá agravo em recurso especial (AREsp) ou agravo em recurso extraordinário (ARE), conforme o caso (NCPC, art. 1.042).

984

Em caso de interposição conjunta de recurso extraordinário e recurso especial, os autos serão remetidos ao STJ; se o relator do recurso especial considerar prejudicial o recurso extraordinário, em decisão irrecorrível sobrestará o julgamento e remeterá os autos ao STF. Se o relator do recurso extraordinário, em decisão irrecorrível, rejeitar a prejudicialidade, devolverá os autos ao STJ para o julgamento do recurso especial (art. 1.031, §§ 2º e 3º).

985

Se o relator, no STJ, entender que o recurso especial versa sobre questão constitucional, concederá prazo de 15 dias para que o recorrente demonstre a repercussão geral e se manifeste sobre a questão constitucional; cumprida a diligência, o relator remeterá o recurso ao STF que, em juízo de admissibilidade, poderá devolvê-lo ao STJ (art. 1.032).

986

Se o STF considerar como reflexa a ofensa à Constituição afirmada no recurso extraordinário, por pressupor a revisão da interpretação de lei federal ou de tratado, remetê-lo-á ao STJ para julgamento como recurso especial (art. 1.033).

987

Os embargos de divergência são cabíveis (art. 1.043,com a redação da Lei 13.256/2016): I – em recurso extraordinário ou em recurso especial, divergir do julgamento de qualquer outro órgão do mesmo tribunal, sendo os acórdãos, embargado e paradigma, de mérito; III – em recurso extraordinário ou em recurso especial, divergir do julgamento de qualquer outro órgão do mesmo tribunal, sendo um acórdão de mérito e outro que não tenha conhecido do recurso, embora tenha apreciado a controvérsia. Os incisos II (cabimento quando a decisão, em recursos extraordinário ou especial, divergir do julgamento de qualquer outro órgão do mesmo tribunal, sendo os acórdãos, embargado e paradigma, relativos ao juízo de admissão) e IV (nos processos de competência originária, divergir do julgamento de qualquer outro órgão do mesmo tribunal) foram revogados pela Lei 13.256/2016.

IV. LIVRO COMPLEMENTAR

Das Disposições Finais e Transitórias

988

Ao entrar em vigor, as disposições do NCPC se aplicarão desde logo aos processos pendentes, ficando revogado o CPC/1973 (art. 1.046).

989

Apesar da aplicação imediata do NCPC, as disposições relativas ao rito sumário e procedimentos especiais que foram revogadas serão aplicadas às ações propostas até o início da vigência do Novo Código, desde que ainda não tenham sido sentenciadas (art. 1.046. § 1°).

990

É reconhecida prioridade de tramitação, em qualquer juízo ou tribunal, aos procedimentos judiciais regulados pela Lei 8.069/1990 – o ECA (art. 1.048, II).

991

Enquanto não editada lei específica, as execuções contra devedor insolvente (procedimento não previsto no NCPC) seguirão o previsto no CPC/1973, arts. 748 e ss.

992

Aplica-se o incidente de desconsideração da personalidade jurídica aos Juizados Especiais (art. 1.062).

Da Usucapião Extrajudicial

993

O art. 1.071 traz Inovação ao alterar a Lei de Registros públicos para, inserindo na Lei 6.015/1973 o art. 216-A, reconhecer a possibilidade de reconhecimento extrajudicial da usucapião. Vale destacar, porém, que o ordenamento já contava com previsão similar desde 2009: a Lei 11.977/2009 previu, nos arts. 59 e 60, a legitimação de posse e sua conversão em propriedade por usucapião reconhecida no tabelionato, observados os requisitos do art. 183 da CF.

994

Segundo a previsão trazida pelo NCPC, admite-se formular pedido extrajudicial de usucapião, sem prejuízo da via jurisdicional, diretamente perante o cartório do registro de imóveis da comarca em que se situa o imóvel usucapiendo. O dispositivo não faz exigências em termos de tamanho ou uso do bem para moradia.

995

Para iniciar o procedimento da usucapião extrajudicial, o interessado deverá apresentar requerimento ao cartório competente, instruindo-o com uma série de documentos: ata notarial atestando o tempo de posse; planta e memorial descritivo assinado por profissional legalmente habilitado; certidões negativas dos distribuidores da comarca da situação do imóvel e do domicílio do requerente; justo título ou outros documentos que demonstrem origem da posse, continuidade, natureza e tempo, tais como o pagamento dos impostos e taxas que incidirem sobre o imóvel.

996

O oficial de registro de imóveis dará ciência à União, ao Estado, ao Distrito Federal e ao Município, para que se manifestem, em quinze dias, sobre o pedido; tal comunicação será feita pessoalmente, pelo oficial de registro de títulos e documentos, ou por correio, com aviso de recebimento (art. 216-A, § 3º, da Lei 6.015/1973).

997

Para que terceiros interessados tenham ciência e possam se manifestar em até 15 dias, o oficial de registro de imóveis promoverá a publicação de edital em jornal de grande circulação, onde houver (art. 216-A, § 4º).

998

Caso não haja impugnações, estando a documentação em ordem, não havendo pendência de diligências e constando a concordância expressa dos titulares de direitos reais e de outros direitos registrados ou averbados na matrícula do imóvel usucapiendo e na matrícula dos imóveis confinantes, o oficial de registro de imóveis registrará a aquisição do imóvel com as descrições apresentadas, sendo permitida a abertura de matrícula, se for o caso (art. 216-A, § 6º).

999

Com vistas a evitar entendimentos que obstem o acesso à justiça, consta expressamente que a rejeição do pedido extrajudicial não impedirá o ajuizamento de ação de usucapião (art. 216-A, § 9º).

1000

O art. 1.072 traz a revogação de inúmeros artigos de diversos diplomas legislativos, com destaque para revogações no Código Civil (8 artigos, dentre os quais o art. 456), Lei 1.060/1950 – Lei da Justiça Gratuita (8 artigos), Lei 8.038/1990 – Lei dos Recursos (10 artigos) e Lei 5.478/1968 – Lei de Alimentos (3 artigos).

1001

Para concluir, em relação ao fim da *vacatio legis* e ao início da eficácia do NCPC, o art. 1.045 destaca que o Código entra em vigor "após decorrido 1 (um) ano da data de sua publicação oficial". A sanção ocorreu em 16.03.2015, ao passo que a publicação no *D.O.U.* se deu em 17.03.2015. A partir daí, surgiu grande debate doutrinário acerca da efetiva data de vigência, com duas correntes distintas, cada uma considerando de forma diversa a contagem do "ano":

(i) vigência no dia 17.03.2016: publicação em 17.03.2015, 1 ano em 16.03.2016, entrando em vigor "no dia subsequente à sua consumação integral" (LC 95/1998, art. 8º, § 1º), ou seja, 17.03.2016;

(ii) vigência no dia 18.03.2016: publicação em 17.03.2015, 1 ano em 17.03.2016 (CC, art. 132, § 3º), entrando em vigor "no dia subsequente à sua consumação integral" (LC 95/1998, art. 8º, § 1º), ou seja, 18.03.2016.

Em sessões administrativas, o STJ e o CNJ estipularam que a vigência do Código se deu em 18.03.2016.

ÍNDICE REMISSIVO DE DICAS

A

D

R